언더독
마인드

1등을 이기는 새로운 성공 공식

언더독 마인드

UNDER-DOG MIND

정영한 지음

whale books

저자 정영한은 매우 궁금한 사람이다. 아이돌처럼 어리고 반짝이는 외모와 달리 나이 지긋한 이들도 갖추기 힘든 속 깊은 면모가 있고, 일이든 사랑이든 올인하고 직진하는 지고지순함이 있으며 요즘 사람들에게서 발견하기 힘든 '헝그리' 정신이 있는 데다 두 엄지손가락을 추켜세우게 만드는 기막힌 목소리까지. 어떻게 이런 희한하고 흥미로운, 또한 매력적인 조합을 갖추게 되었는지가 궁금해서 내가 먼저 친해지자 손 내밀었는데 지금 생각해도 참 잘한 일이다.

아나운서를 꿈꾸던 영한이가 국민적 사랑을 받는 스타 아나운서의 길을 걷게 된 것만으로도 기쁜 일이지만, 글을 통해 전하고 싶은 이야기가 책으로 나온다니 더욱 열렬히 응원하고 싶다. 글은 '진짜'일 때 독자의 마음을 움직일 수 있다. 더없이 솔직하게 자신을 드러내는 용기로 무장된 단단하고 아름다운 청춘 정영한! 그가 전하는 '찐' 이야기들이 얼마나 많은 이들의 마음에 뭉클한 감동이 될지 기대해도 좋을 것이다.

_손미나 작가, 강연가

12년 차 직장인이 된 나에게 요즘 가장 어려운 일은, 기존과 다른 것을 시도하는 일이다. "하던 대로만 하자." "실수만 하지 말자." "중간만 하자." 대부분의 직장인이 그렇듯 어느새 '실패 없는 현상 유지'가 오늘의 목표가 되어버렸다. 5년 넘게 〈뉴스데스크〉를 진행하고 있지만 짧은 멘트 하나에 변화를 주는 것조차 큰 용기가 필요하다. 방송국은 의외로 보수적이라서 방송에서 입던 옷이 평소와 조금만 달라도 많은 사람의 입에 오르내리곤 한다. 그런데 뉴스에서 춤을 추는 아나운서라니! 마치 아무 일도 아니라는 듯 당당한 표정으로 카메라 앞에서 춤을 추는 영한의 모습은 나에게 엄청난 충격과 자극이 되었다. 보통 사람들은 '그 아나운서 참 재밌네' '열심히 하네' 정도로 넘길 수도 있겠지만 사실 상상 이상으로 대단한 용기가 필요한 일이라는 사실을 너무나 잘 알고 있기 때문이다.

뉴스에서뿐만 아니라 다양한 분야에서 늘 새로운 길로 나아가고 끊임없이 도전하는 영한이의 모습을 보며 늘 궁금했는데, 그 단단함의 비결이 그가 살아온 시간 속에 있었다는 사실을 이 책을 통해 알게 되었다. 환경을 탓하지 않고, 안정보다는 도전을, 회피보다는 부딪힘을 통해 하루하루 최선을 다해 달려온 그의 삶은, 한 줄 한 줄이 너무나 큰 도전이 된다. 나에게 그랬듯 이 책은 자신이 처한 환경과 세상의 평가와 시선에 낙심하고 좌절한 사람들에게 큰 위로와 응원이 되어줄 것이라 믿는다. 우리 모두 내일 질 것이 두려워 오늘 피지 않는 꽃이 없듯이 실패가 두려워 도전을 망설이지 않기를, 나만의 속도대로 나답게 나아가기를 소망한다. 영한의 말처럼 어차피 "의아함은 그들의 몫"이니까.

_**이재은** 아나운서

매일 같이 쏟아지는 부정적인 제목의 뉴스 사이에 신나게 춤을 추는 아나운서 정영한이 있다. 그저 밝고 유쾌할 것만 같은 그의 이면에는 결핍을 이겨내기 위한 치열한 몸부림이 있었다. 《언더독 마인드》는 어두운 미래를 예견하는 바보상자를 부수고 스스로 밝은 빛을 내는 방식을 제시한다. 많은 사람들이 그의 이야기를 통해 용기를 얻고 자기 안에 수많은 가능성을 이끌어 내길 기대해 본다.

_**드로우앤드류** 자기계발 크리에이터

정체성을 고민하고 미래에 대한 불안함을 느끼고 있다면, 이 마인드셋 매뉴얼을 읽어라. 평범함 속에서 특별함을 찾아내는 저자의 능력은 탁월하면서도 누구나 자신의 삶에 바로 적용할 수 있다. 현시대에 가장 잘 맞는 현실적인 조언으로 가득한 이 책은, 과연 진심으로 사람들에게 선한 영향을 주고자 하는 저자와 똑 닮았다. 정직한 선함과 남다른 생각의 깊이를 지닌 정영한의 이야기가 나답게 살아가고 싶은 많은 이들에게 최고의 가이드가 될 거라 믿는다.

_**우태영** 《세상을 공부하다》 작가, 사업가

'의아함'은 그들의 몫, '언더독'은 나다운 걸 한다

초등학생 시절부터 죽는 게 두려웠다. 좋은 날 올 거란 말만 믿고 엄마와 둘이 단칸방에서 하루하루를 버티는데 차마 그날을 맞이하지 못한다면 억울할 것 같았기 때문이다. 영원한 삶을 바랐던 철없는 어린 시절의 두려움은 외할아버지가 치매를 앓게 되면서 달라졌다. 장교 출신으로 늘 위엄이 넘치던 그가 기억을 잃어가며 어느새 나약한 노인으로 변해가는 모습을 보며 육체도 정신도 예기치 못한 끝을 마주함을 받아들이기로 했다. 결국 내가 죽음을 거스를 수 있는 유일한 방법은 다른 사람들에게 기억되는 것뿐이라는 생각이 들었다. 좋은 날을 마냥 기다리는 것이 아니라 유명해지는 길을 따라 직접 맞이하기로 한 것이다.

그러기 위해선 비범해져야 할 텐데, 세상에는 이미 잘난 사람이 가득했다. 어린 나이였지만 내가 태어난 환경이 그들을 넘어서기에 결코 호락호락하지 않겠다는 확신이 들었다. 그래서 나는 뛰어난 개인의 역량을 증명하며 세상에 맞서기보다는 사람들에게 도움을 주는 사람이 되고, 나 또한 그들의 힘을 빌려가며 역량을 키워야겠다고 생각했다. 그리고 일단 눈에 띌 만큼 독특함 갖춰 사람들이 나를 쉽게 찾게끔 만드는 것을 우선 과제로 두었다.

　　그렇게 다른 사람과 나를 구별할 수 있게 해줄 대표적인 두 가지 요소를 찾았다. 하나는 목소리고 다른 하나는 글이었다. 살아서는 최대한 많은 목소리를 내고 죽어서는 남겨진 글로써 끊임없이 사람들에게 이야기를 건네는 사람이 되겠다는 목표가 생겼다. 그렇게 스물일곱에 이르러 꿈의 첫 발을 내디딘다. 아나운서라는 직업으로 목소리를 내기 시작했고, 책도 출간하게 되었으니 말이다.

　　사실 책을 내기까지 많은 고민이 있었다. 아직 완성되지 않은 나의 모습과 이야기가 과연 사람들에게 와닿을까 싶은 불신과 두려움이 컸다. 그러던 어느 날 지역에서 강연을 마치고 나오는 길, 행사장 건물 입구에 한 대학생이 나를 기다리고 있었다. 그는 기차 시간이 남아 있다면 조금 더 이야기를 들고 싶다며 부탁했다. 너무나 고맙고 기쁜 순간이었다. 그렇게 뒤따라온 다른 학생들까지 더해 네 명이 함께 카페에서 한 시간 정도 이야기를 나누었다.

그 뒤로도 강연이 있을 때마다 조금이라도 더 내 생각을 들고자 머뭇거리는 눈동자를 몇 차례 마주하게 되었는데, 매번 해주고 싶은 이야기들이 넘치는데 그마저도 시간이 모자라서 채 전하지 못하고 돌아가는 상황들이 너무나 아쉬웠다. 아직 별거 없다 생각했던, 지금의 나를 만들어준 이야기를 이렇게 듣고 싶어 하는 사람들이 많다는 것에 큰 동기부여를 얻었다.

일찍이 글을 쓰고 싶었지만 내공이 부족하다는 이유를 대며 스스로를 외면했다. 이제 와 돌아보면 사람들에게 평가받을 자신이 부족해서 글쓰기를 시작조차 하지 않았던 것 같다. "주체적인 삶을 살자"라는 이야기를 주창하면서도 여전히 타인의 '의아함'에 망설였던 꼴이다. 스스로 두려움을 인정하고 나니 용기가 생겼다. '의아함은 그들의 몫'으로 남겨두고, 내 인생을 담은 책이 있다면 매번 시간에 쫓길 필요 없이 사람들에게 내가 전하고자 하는 '말'을 더 명료하게 할 수 있겠다는 생각이 들었다. 그 이유만으로 충분했다. 내 이야기를 전하는 데 있어 시기를 따질 필요가 없음을 깨달았다.

그래도 이왕 쓰기로 했으니 많은 독자에게 내 이야기가 닿기를 바란다. 누구나 복잡한 개인사를 지니고 살아감을 알기에 나를 특별한 사람인 척 보여주는 것이 걱정도 되지만, 그럼에도 수많은 책 중에서 내 이야기를 집어 든 독자분의 흥미를 돋우기 위해서 나를 간략하게 소개하고자 한다.

"빚쟁이들에게 쫓기며 홀로 단칸방을 지키던 어린 시절을 잘 견딘 아이, 스물두 살 때부터 생계를 위해 돈을 벌고, 학원 한 번 제대로 못 다녀보고도 8개월 만에 1600대 경쟁률을 뚫고 지상파 아나운서가 된 아이."

전업주부였던 엄마는 이혼 후 나를 돌보는 것보다는 돈벌이를 하며 하루하루를 버티기 급급했다. 나 또한 더 나은 삶을 위해 노력하기보다는 매일 열 시간 가까이 컴퓨터 게임에 빠져 경도비만의 덩치로 골목대장 시늉하기 바빴던 시절을 지냈다. 확실히 내 어린 시절은 A부터 Z까지 이상적인 해결책을 강구하며 삶을 반전시킨 예시가 못 된다. 그러던 내가 마인드를 달리한 것만으로 삶이 송두리째 바뀌기 시작했다. 갑자기 주변에 나를 도와주는 귀인들이 나타나고, 하고 싶은 일들이 샘솟고, 도전할 용기가 생기고, 어린 시절 바라던 미래의 모습이 조금씩 현실이 되어가고 있다.

그래서 나는 딱히 믿는 종교가 없음에도 이따금 내가 가상 세계에 사는 것만 같은 기분에 빠지곤 한다. 어린 시절 기대했던 것보다 훨씬 나은 삶을 살아가는 게 여전히 믿기지 않는다. 흔한 자기계발서의 성공가들처럼 호화로운 집, 슈퍼카, 수십억 현금 따위는 없지만, 애당초 현실에 짓눌려 자라온 탓에 지금의 생활에서 느끼는 만족도만큼은 그들에 결코 뒤지지 않으리라고 자신한다.

"~이랬으면 좋겠다" 싶은 막연한 상상들이 하나둘씩 현실로 이루어지는 데서 느끼는 희열감은 나 혼자 느끼기에는 너무나도 아쉬운 것이라 부끄럼을 무릅쓰고 나를 성장시켜 준 마인드셋을 세상에 내놓고자 한다.

대단하진 않지만 내가 이룬 대부분의 것을 '운'으로 치부하는 사람들도 많다. 그러나 딱히 그에 대해 반박할 생각은 없다. 오히려 감사하게 생각할 뿐이다. 그러한 행운을 나에게 준 것을 나와 비슷한 혹은 훨씬 더 고된 시간을 보내고 있는 이들을 이끌어주라는 사명으로 여기고 더욱 나답게 정진할 작정이다.

비범함을 인정받기 위한 경쟁에서 승리하기란 너무나도 가혹하다. 1등만 알아주는 더러운 세상이라서 어떻게든 1등이 되기로 결심했다. 빈부 격차는 극복할 수 없고 기회는 세습된다는, 태어날 때부터 모든 운명이 정해졌다는 사회에 넘어질지언정 굴복하지 말자.

우리를 낙담시키고 변화하지 못하도록 하는 타인의 의아함을 외면하고 오직 나만의 이야기에 집중해야 한다. 비록 우리가 물질적인 자산을 따라잡지는 못한다 한들, 일생에 단 한 번 이뤄보겠다는 그 목표까지 포기하지는 않으리라. 삶을 스스로 개척하고 도약하려는 언더독들의 반란을 보여주자.

차례

1장 언더독 마인드 전략
: 1등을 이기는 새로운 성공 공식을 만들다

2장 성장하는 사람은 무엇이 다른가
: 우리가 두려워해야 하는 건 불확실성이 아닌 '변화 없음'

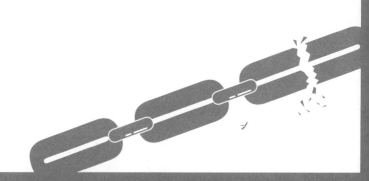

3장 나다움을 발견하는 마인드셋
: 나를 치열하게 받아들이는 방법

4장 생산자 마인드의 '인생' 관리법
: 사람과 돈은 가까이 둘수록 이득이다

언더독 마인드 전략

1등을 이기는
새로운 성공 공식을 만들다

가장 약한 사람이
경쟁에서 늘 뒤처진다는,
1등이 언제나 승리한다는
공식을 깨버리고자 한다.

내 환경을 받아들일 줄 아는 용기

이 책에서 내가 하고 싶은 이야기는 모든 일의 성취 여부는 "자신의 환경을 받아들이는 데서 시작한다"라는 것이다. 자신의 환경을 받아들이고 그 안에서 나만의 의미를 도출해 낼 줄 아는 사람은 기필코 무언가를 성취할 수 있다. 이와 관련해 어린 시절의 일화를 용기 내어 들려주고 싶다.

일찍이 나는 붙임성이 좋아 친구들과 어울려 다니기를 좋아했다. 남다른 먹성 덕분에 덩치도 뒤지지 않았던 덕분에 초등학생 시절 골목대장 노릇까지 하며 부끄럼 모르는 성격으로 자랐다. 정확히는 부끄러움을 잘 숨겼다. 유일한 약점이라고 한다면 빚쟁이를 피해 다니는 이혼 가정이라는 정도. 그마저 딱히 친구들에게 들킬 걱정은 없었다. 누구네 집안 사정보다는 TV 프로그램과 게임에 훨씬 더 관심이 많을 나이였고,

줍고 지저분한 단칸방은 온갖 핑계를 대며 초대하지 않으면 그만이었다. 초등학교 고학년에 이르러 제법 머리가 커질 무렵, 딱히 싸움 한번 해본적 없지만 유치한 서열 놀이를 하며 헛소문 내기를 좋아하는 친구들 덕분에 학교에서 대장 노릇을 할 수도 있었다. 조금은 우쭐했던 것도 사실이다. 품위 유지는 이따금 센 척하는 정도로 충분했다. 종종 옆 학교 애들이 나와 붙어보고 싶다며 쪽지를 보낼 때면 겁이 났지만 요령껏 피했다. 나는 꽤 모범생처럼 행동했는데 이제 와 솔직히 말하자면 모두 싸움을 피하기 위한 명분이었다. 모쪼록 이유 없이 싸우지 않는다는 정의로운 강자 시늉에 취해 있던 그 시절은 분명 나의 첫 번째 전성기였다.

그러던 어느 날 새 학기가 시작되고 얼마 지나지 않았을 무렵이었다. 당시 초임이었던 우리 반 담임선생님은 아이들을 통솔하는 데 익숙지 않으셨다. 지금의 내 나이 정도였을 선생님은 특히 종례 시간에 들뜬 아이들을 두고 골머리를 앓곤 했다. 당시 반장이었던 나는 선생님을 돕겠다는 의도로 큰소리를 내며 아이들을 조용히 시키고는 했는데, 여느 때와 같이 목청 좋게 아이들을 잠재우고는 '저 잘했죠?' 하는 표정으로 선생님을 바라봤다. 그러나 냉담한 선생님의 표정과 함께 예상치 못한 질문이 돌아왔다.

언더독 마인드

"아 맞아, 반장 너는 급식 지원 받으려면 이번 주까지 서류 내야 하는 거 잘 알고 있지?"

당시만 해도 무상급식은 경제적 수준에 따라 선별적으로 이루어졌다. 급식 지원이 필요한 아이들은 학기마다 서너 장의 서류를 선생님에게 제출해야 했다. 어려운 형편을 증빙하기 위함이었다. 나는 그것을 '가난 증빙서'라고 불렀다. 학교를 마치면 함께 집에 가기 위해 먼저 수업이 끝난 다른 반 친구들이 교실 앞을 지키곤 했기에, 제출 일자가 다가오면 첩보 작전을 방불케 하는 계획을 세우고는 했다. 내가 '그 종이'를 내는 것을 들키면 안 되었기 때문이다. 깜박하고 서류를 두고 온 척하며 청소 당번이 되는 날까지 버티거나, 일부러 숙제를 안 해서 나머지 공부를 하는 등 다양한 전략을 펼쳤고 그 자연스러움에 있어서는 나름의 자부심까지 가졌다. 그런데 친절이 과분했던 선생님의 갑작스러운 안내에 이때까지 숨겨온 약점이 한순간에 교실에 울려 퍼진 거다. 갑자기 온몸이 달아올랐다. 아이들이 꼭 나의 대답을 숨죽이며 기다리는 것만 같았다. 수치심을 몸소 느껴본 생의 첫 순간이었다. 다리가 떨리고 등줄기가 간지러운 와중 나도 모르게 너스레를 떨었다.

"에이, 쌤. 한두 번 내는 것도 아니고 당연히 알죠! 내일 가져올게요."

그 뒤로도 "어머니 혼자 일하시면 학교 끝나고는 보통 뭐하나?"와 같은 물음이 이어졌다. 정말로 궁금해서 묻는 눈초리는 결코 아니었다. 친구들 앞에서 나의 사정을 낱낱이 까발리는 선생님의 질문들에 아무렇지 않다는 듯 몇 차례 답변하고 나서야 겨우 종례는 끝이 났다. 교실을 박차고 뛰쳐나갔다. 기다리던 친구들의 부름에도 아랑곳하지 않고 곧장 집으로 달려갔다. 집에 도착하고 나서야 참았던 눈물이 쏟아졌다. 그 일이 있기 전까지 나는 마치 주목받기 위해 사는 아이처럼 언제나 친구들의 관심을 즐겨왔다. 생전 '쪽팔림'을 모르고 살았던 나였는데… 몰락하는 엄석대의 기분이 이랬을까? 처음으로 학교에 가기 싫어졌다.

친구들이 말을 걸까 두려워 온라인 게임에도 접속하지 못하다 겨우겨우 자기 전 메신저 버디버디를 켰다. 부재중 쪽지가 세 통, 역시나 공짜 급식 이야기였다. 그러나 쪽지를 보낸 의도까지는 차마 예상치 못했다. 나를 얕보는 조롱이 아니었다. 자신 역시 수혜 대상이라는 고백과 함께 내일 자기 서류도 같이 제출해 줄 수 있냐는 부탁이었다. 때마침 내가 접속

언더독 마인드

한 것을 보고 어울려 다니던 한 친구가 채팅을 걸어왔다. 그는 내가 그런 환경에서 자라고 있을 거라고는 전혀 생각지 못했다며 운을 뗐다. 예상했던 의아함이었다. 그 뒤로 부끄럽지 않냐는 물음이 이어졌다. 또다시 가슴이 부글거렸지만 참았다. 다시금 가짜 용기를 발휘해 떨리는 손으로 한 글자씩 입력해 나갔다.

'야, 이게 왜 창피하냐? 가난하고 싶어서 가난한 것도 아닌데 주는 것도 못 얻어먹냐?'

'어디 한번 해보자는 거냐'며 말싸움을 작정한 순간, 미처 넘겨짚지 못한 답장이 돌아왔다. 평소에 깐족거릴 줄만 아는 녀석이라 여겼던 친구의 집안 사정 이야기였다. 친구는 사실 조부모님 밑에서 자라며 나처럼 차상위계층 혜택을 받아왔다고 했다. 그런데 부모 없는 자식이라는 것을 알면 놀림을 받을까 겁이 나 3학년 이후로는 일부러 돈을 내고 급식을 먹겠다고 할머니에게 생떼를 부렸다는 것이다. 고작 한 학기에 한 번, 서류 세 장을 교무실에 내야 하는 부끄러움의 원흉이었다. 할머니도 손주의 기를 살리기 위해 그 부탁을 들어줄 수밖에 없었다. 그들이 내는 건 급식비가 아닌, 가난에 낙인

1장 언더독 마인드 전략

찍히지 않기 위한 부끄러움의 값이었다. 당황스러운 한편으로 친구의 마음이 충분히 이해되었다.

딱히 위로가 되기를 바란 건 아니었지만 효과는 있었다. 친구가 말하기를 오늘 종례 시간, 선생님의 물음에 아무렇지 않게 답하는 나의 태도를 보고는 그동안 낸 급식비가 아깝게 느껴졌다며, 당장 할머니에게 부탁해 서류를 준비해 가겠다고 했다. 뿌듯함이라는 감정을 제대로 느껴본 첫 순간이었다. 친구들이 힘이 세다고 치켜세워 주었을 때보다 몇 배는 더 강해진 기분이었다. 집안 형편을 두고 무시하는 애들이 있다면 내가 가만두지 않겠다며 괜히 더 으름장을 놓았다. 쪽팔림이 눈 녹듯 사라졌다. 으쓱해진 나는 나에게 부탁을 했던 나머지 친구들에게도 내일 잊지 말고 서류를 가져오라며 부재중 쪽지에 답장을 남겼다. 그리고 다음 날 조회 시간, 나는 큰 소리를 내며 당당하게 서류를 걷었다. 더 이상 이 종이 때문에 일부러 나머지 공부를 할 필요도, 청소 당번을 자청할 필요도 사라졌다.

분명 아이들 앞에서 선보였던 나의 너스레는 가짜였다. 그럼에도 어려운 가정의 돈을 지켜준 영웅이라도 된 것 같은, 당시 그 기분이 아직 생생하다. 그 일 이후 가난마저 나에게는 무기가 되었다. 내 안에는 두려움이 가득 차 있을지언정

언더독 마인드

용기를 내서 어려운 친구들을 대표해 나서는 사람이 되고 싶어졌다. 비록 시작은 가짜 용기였지만, 그때 짊어진 책임감만큼은 진짜였다. 그리고 그 경험은 선한 영향력을 펼치는 사람이 되겠다는 성장 동기가 되어주었다.

태생은 불공평하다지만 인생은 하기 나름이라는 것을 몸소 느낀다. 쥐고 태어난 것의 많고 적음은 다를지라도 원하는 삶을 사는 건, 분명 그 사람의 몫이다. 나다움을 실현하기 위해 우리가 어떤 기질을 타고났는지 알아차리는 것은 중요하다. 그러나 결코 가진 것만이 전부는 아니다. 앞으로 무엇을 가질지는 알 수 없기 때문이다. 경험하기에 따라 결과는 어떻게든 달라질 것이라고 믿는다. 내가 처한 환경을 불평한들 지금 당장 우리가 세상을 바꿀 방도는 없다. 애초에 태어나는 것부터 본인의 의지가 아니었던 나약한 존재이기에, 무력한 개인이 할 수 있는 최선은 불공평함을 이용하는 것뿐이다.

어렵게 생각할 필요 없다. 초등학생 시절의 나 역시 큰 뜻을 갖고 깨우친 결과가 아니었다. 부끄럽지 않다고, 약점이 아니라고 내 마음을 속였을 뿐이었다. 그랬더니 정말 마법처럼 기회들이 생겨났다. 대입 면접 도중 그저 잘 보이기 위해 지어낸 말들을 늘어놓으며 말아먹던 찰나, 면접관으로 있던 사회복지학과 교수님이 갑자기 무상급식 제도에 대해 어떻게 생각하는지 물어볼 줄 누가 알았을까. 급식 지원 정책의 맹점을 두 눈으로 경험했기에 내 생각을 자신 있게 이야기할 수 있었다. 나름의 해결책도 제시했던 터라 면접은 토론의 장으로 바뀌었고, 망해가던 면접 분위기 역시 180도 뒤집혔다.

상대적으로 부족했던 성적과 더불어 몇몇 질문에는 아예 대답을 못했음에도 40 대 1의 경쟁률을 뚫고 목표했던 학과에 합격할 수 있었던 것은 어려운 환경이 만들어준 경험 덕분이지 않을까 생각한다. 그래서 나는 지난 아픔에 대한 한 치의 원망도 없다. 오히려 이러한 경험을 선물해 준 그 시련들이 진심으로 감사할 따름이다.

"어디 한번 네 멋대로 살아봐"

경쟁에서 살아남는 방법은 두 가지다. 첫째는 객관적으로 인정받을 수 있는 분야에서 정점을 찍는 거다. 기존 사회의 문법에 따르면 이것을 정통법이라 여길 수 있겠다. 그리고 다른 하나는 수치에서 벗어나 독자적으로 평가받는 것이다.

선택받기 위해서는 더욱 눈에 띄어야 한다. 상대적 우위를 선점하고자 하는 사람들은 처음 요구한 것보다 훨씬 높은 수준의 스펙을 준비하고 오버 스펙이 새로운 경쟁 기준이 되면서 경쟁은 더욱 과열된다. 극장에서 맨 앞에 앉은 사람이 조금 더 무대를 잘 보기 위해 일어서면 뒤에 앉은 모두가 서서 봐야 하는 것과 같다. 스펙은 오로지 결과로만 이야기한다. 좀처럼 스펙을 갖추게 된 과정을 묻는 일이 없다. 그렇다 보니 유복한 환경에서 이를 준비하는 사람들이 단연 유리하기 마련이다. 예를 들어 부모의 금전적 지원을 통해 다른 경쟁자보다 빠르게 목표에 다가서는 것이다. 불만을 품기에는 너무도 자명한 자본주의의 이치다.

애석하게도 내 환경은 그러지 못했다. 어머니와 나는 빚쟁이를 피해 다니다 호프집 위에 있는 6평 남짓한 단칸방에 정착하게 되었다. 마땅한 직업도 없이 홀로 나를 떠안게 된 어머니가 할 수 있는 최선의 육아 전략은 자유방임이었다. 채널이 다섯 개밖에 나오지 않는 낡은 TV가 유일한 친구였던 여섯 살 무렵부터 나는 주체적으로 삶을 살아가게 되었다. 주변에 나를 돌봐줄 어른도, 위아래 형제도 없었던 나에게 어머니는 기댈 수 있는 유일한 사람이었다. 그러나 어머니는 대개집에 없거나, 있더라도 나를 돌볼 정신이 없었다. 매일 아침이면 어머니는 나에게 자신을 돌볼 줄 알아야 한다고 연거푸 강조했다. 집에 들어오면 씻고 방을 청소할 것, 남의 집에 가면 벗은 겉옷을 가지런히 정리할 것, 어른들이 말을 걸면 씩씩하게 대답하고 점잖게 행동할 것, 다른 사람에게 도움을 쉽게 구하지 말 것 등등. 나는 일찍이 혼자 살아가는 법을 배웠다.

"어디 한번 네 멋대로 살아봐." 철없던 내가 말을 안 들었

언더독 마인드

던 탓인지 어머니는 이 말을 나에게 일상처럼 내뱉곤 했다. 저 말에 담긴 뜻을 이제 와서 따지는 건 무의미하지만 저 말이 지금의 나를 만들었다. 어머니가 길러준 오기 덕분에 나는 초등학교에 들어가기 전부터 어떻게든 혼자 잘 살 수 있음을 증명해 내고 싶었다. 정말 멋대로 살았다. 동네를 거닐다 혼자 있는 친구가 있으면 말을 걸어 같이 노는 게 일상이었다. 초등학생 때부터 아이들을 모아 여기저기 쏘다니는가 하면, 밤늦게까지 집에 아무도 없으니 TV와 컴퓨터는 내 독차지였다. 친구 집에 놀러 가 예의 바르게 행동하면 맛있는 걸 먹을 수 있다는 것, 친척을 만났을 때 재롱을 부리면 용돈을 받는다는 것, 명절에 받은 용돈을 잘 숨겨두면 갖고 싶은 장난감을 살 수 있다는 것과 같은 요령들을 터득했다. 어머니는 나에게 원하는 게 없는 만큼 내가 하고 싶은 일을 억압하지도 않았다. 중학생 때 학교나 동네 친구로는 성에 안 차서 게임에서 친해진 길드원들을 만나기 위해 서울로 올라가 어른들과 어울릴 정도였으니 말이다. 단 한 번도 공부하라는 강요를 받은 적 없었다. 돈이 들어가는 일만 아니라면 모든 일을 나의 의지대로 할 수 있었다.

장래 희망과 공부하게 된 계기 등 모든 동기부여는 TV와

1장 언더독 마인드 전략

인터넷을 통해서도 충분히 찾아낼 수 있었다. 그 누구도 어머니보고 자녀를 방치한 양육자라고 나무랄 수 없을 것이다. 학원에 다니고 싶다고 했을 때는 한 달 수입이 백만 원이 채 안 되면서도 생활비를 줄여 등록해 주기도 했다. 지출에 따라 생활이 흔들리는 것을 체감했기에 나는 값어치에 대해 판단하는 것을 빨리 익혔다. 사교육이 필요했지만 돈값을 한다고 느끼지는 못했다. 그래서 자발적으로 다니던 학원을 그만두고 근로장학생 제도가 마련된 대형 재수학원을 찾아가 교복을 입은 채로 칠판을 지우고 조교로 활동하며 무료로 강의를 들었다. 비효율적인 시간이었을지는 몰라도 당시 나는 이렇게까지 공부하고자 하는 의지가 있다는 것에 스스로 자긍심을 가졌다. 이때 형성된 '효율보다 태도가 결과를 만든다'는 마음가짐은 지금까지도 성취를 이끌어내는 나의 핵심 무기다. 뭐든 스스로 찾아서 문제를 해결할 수 있음을 몸소 깨우친 셈이다. 이러한 태도는 누가 억만금을 줘도 길러줄 수 없다고 생각한다. 이러한 마인드로 대학교도 입학 사정관제로 들어갔다. 아들이 수시 원서 여섯 장을 어디 썼는지도 몰랐던 일은 지금까지도 어머니와 나의 자랑이기도 하다.

시작부터 개인적인 가정사를 드러냈지만 동정심을 자아

언더독 마인드

내려는 의도 따윈 없다. 세상에 사정 없는 사람이 어디 있을까. 내 이야기는 오히려 자랑에 가깝다. 그렇다고 해서 '나 이렇게 어려웠지만 잘됐다' 따위의 주장을 펼칠 생각도 아니다. 안쓰럽다는 소리를 듣기에는 너무 많은 도움을 받고 자랐다. 나는 초등학교 때부터 스스로를 "불쌍한 애들 중 가장 운 좋은 애"라고 칭했다. 모든 시련이 감당할 수 있는 수준이었고, 경제적인 압박도 고등학교에 진학할 때쯤 10년 넘게 행방을 몰랐던 아버지와 연락이 닿으면서 최소한의 생계 걱정에서는 벗어날 수 있었다. 그 외에도 여러 친척의 지원 덕분에 극한의 상황에 내몰리진 않았다. 그래서 나는 결코 '혼자서 일궈낸'과 같은 수식어를 사용할 자격이 없다. 그저 주체적인 선택과 나다운 당당함을 피력할 뿐이다. 내가 운 하나만큼은 기막히게 타고난 녀석임을 인정한다. 부족했던 환경마저 나에겐 책 쓸 거리가 되어주었으니 말이다.

유복하다고 쉽게 이루는 것도, 가난하다고 무작정 대단한 것도 아니다. 자신이 처한 환경에 스스로 의미를 부여하는 것이 중요하다. 단지 나의 경우는 인프라가 마땅치 못했기 때문에 내가 가진 모든 요소를 내비춰 평가받아도 모자랐을 뿐이다. 숫자로 쉽사리 비교되는 '정량 평가'보다는 어떻게든 처한 환경과 극복 과정을 반영한 '정성 평가'가 유리하다고 판단했다. 그러한 맥락에서 나의 성장 과정을 통한 '나다운 전략'을 세우는 것은 사실 과감한 혁신이라기보다는 생존을 위한 유일한 '선택지'였을지도 모르겠다.

이 책을 통해 자신을 주체적으로 만들어준 일과 사람들을 생각하고, 어떻게 하면 우리가 더욱 주체적인 삶에 가까워질 수 있을지 고민해 보는 시간이 되기를 바란다. "네 멋대로 살아라"는 어머니의 말, 그래도 괜찮다는 것을 내가 증명해 낸 것처럼 말이다.

언더독 마인드

죽음이 두려워 나는 나답기로 했다

당신은 왜 나답게 살고 싶은가? 내가 나답게 살기로 결심한 데에는 사실 죽음과 관련된 고민이 반영되어 있다. 유한한 내 삶이 무한한 의미로 이 세상에 남도록 하기 위해서였던 것이다.

아홉 살 때 일이다. 등교를 앞둔 어느 아침. 잠에서 깬 순간 큰 불쾌감에 휩싸였다. 분명 밤 11시 무렵 잠에 들었는데 눈을 뜨니 시곗바늘이 7시를 가리키고 있다. 여느 아침과 같이 TV에서는 뉴스가 나오고 어머니는 아침 식사를 준비하고 있었다. 나는 절규하며 소리를 질렀다.

"엄마! 나 꿈을 안 꿨어!"

충격에 질린 나와는 반대로 어머니는 태연히 답했다.

"그래? 피곤했나 보네."

차분한 어머니의 말에 나는 큰 혼란에 빠졌다.

"아니, 나 꿈을 안 꿨다니까? 꿈을 안 꿨다고!"

반복되는 외침에도 아침부터 왜 유난이냐는 어머니의 표정을 보고서야 깨달았다. 사람이 매일 꿈을 꾸지 않을 수도 있다는 것을. 세상에 속은 기분이었다. 잠자리에 들기 전 어머니와 나는 매일 "좋은 꿈 꿔"라고 인사를 나눴고, 어린이집이나 학교에서 그린 시간표에도 잠드는 시간은 늘 '꿈나라'로 적혀 있었다. 2002 월드컵의 여파로 여기저기서 외쳤던 "꿈은 이루어진다", 〈어젯밤 꿈속에〉와 같이 노래 가사로 숱하게 쓰이던 '꿈'. 하지만 그 누구도 나에게 '꿈을 꾸는 날도 있고 안 꾸는 날도 있음'을 별도로 알려주지 않았다. 물론 잠에서 깨어날 때면 모든 꿈의 내용을 기억하지는 못했지만, 거의 매일같이 꿈을 꾸는 편이기에 그저 빨리 까먹었을 뿐이라고만 생각했다. 그렇게 처음으로 꿈을 꾸지 않음을 인지하고는 어머니에게 제법 철학적인 물음을 던졌다.

"엄마, 그럼 죽으면 꿈을 안 꾸는 느낌이 계속되는 거야?"

잠든 사이 여덟 시간 남짓 흘러버렸고, 그 사이에 일어난 일을 아무것도 기억하지 못한다는 것이 너무나 찝찝했다. 심지

언더독 마인드

어 잠에 들었다는 사실마저 몰랐다는 무기력함. 같은 맥락에서 만약 내가 죽더라도 내가 죽은 것조차 모를 수 있다는 것이 너무나 무섭고 허무하게 느껴졌다. 당시 나는 꽤 큰 교통사고를 겪은 뒤였는데 "하마터면 죽을 뻔했네. 삼신할매가 도와서 운 좋게 살았어"라는 말을 주변 어른들에게 심심치 않게 들었던 터라 더욱이 죽음에 대한 공포감에 어쩔 줄 몰랐다.

세상에서 사라지기 싫다는 마음이 격렬히 솟구쳤다. 이후 학교 도서관에서 진시황, 타임머신, 영혼과 관련된 책들을 모조리 찾아봤다. 그러나 영생에 대한 그 어떤 믿을 만한 근거도 발견하지 못했다. 더불어 비슷한 시기에 외할아버지가 치매에 걸린 모습을 보면서 단순히 숨을 쉰다고 해서 살아 있는 것이 아니라는 생각을 십 대가 채 되기 전에 하게 되었다.

나는 가장 먼저 '기억'에 초점을 맞추었다. 숨 쉬는 동안은 최대한 많은 것을 기억하고, 죽더라도 사람들의 기억에 오래 남을 수 있다면 살아 있는 것과 같다는 생각이 들었다. 어머니의 말에 따르면 나는 물건을 버리는 것을 끔찍이 싫어했다고 한다. 몸에 맞지 않는 옷이나 고장 나서 더 이상 쓸 수 없는 물건도 허락 없이 버렸다가는 종일 난리 법석을 피웠단다. 일기를 쓸 줄 알게 되기 전까지는 내가 썼던 물건들이 그 시절

1장 언더독 마인드 전략

의 나를 대변한다고 생각했던 것 같다. 그 후로 난 기억을 지키기 위해서 최대한 많은 기록을 간직하는 데 매달렸다. 그러한 까닭으로 나는 지금도 다이어리를 네 개나 작성하고 있다.

그렇다면 타인에게는 어떻게 기억될 수 있을까? 우선 남과는 구분이 되어야 한다. 사람마다 각기 다르게 지니고 있는 요소들을 강화하는 것이다. 나는 두 가지를 발견했다. 첫째는 '목소리'였다. 유난히 굵직한 목소리를 일찍이 가졌던 터라 사람들은 나의 특색으로 목소리를 꼽곤 했다. 그리고 두 번째는 바로 나의 '경험'이다.

어렸을 때부터 나는 위인전이나 자기계발서를 참 좋아했는데 딱히 그들의 성공 노하우에 관심이 있어서는 아니었다. 그저 그들의 유년 시절 이야기가 궁금했다. '어? 이 사람 이렇게 가난했네?', '나보다 더 집안 환경이 안 좋았잖아?', '그런데 이렇게 잘됐어? 그럼 나도 잘될 수 있겠다'와 같이 아주 단순한 희망을 얻기 위함이었다. 그런데 여러 권을 읽다 보니 메시지가 다 비슷비슷했다. 다른 것은 오직 그들이 쌓아온 경험이었다. 유명한 작가들은 문장 몇 줄만 봐도 누군지 구별되지 않는가. 그래서 나는 살아서는 최대한 목소리를 많이 내고, 죽어서는 글로써 사람들에게 계속 이야기를 건네는 사람이 되겠다고 결심했다. 그러기 위해서는 우선 유명해져야 할 것이고 이야깃거리를 많이 확보하기 위해서는 다양한 경험을 쌓는 것을 목표로 삼으며 살아왔다.

이처럼 내 꿈은 일찍이 명사가 아닌 동사였다. 책을 쓰고 강연을 할 수 있다면 직업은 딱히 중요치 않았다. 그전까지 어른들이 커서 뭐가 되고 싶냐 물으면 마술사, 개그맨, 선생님 등 사람들 앞에 서서 주목을 받는 직업들을 이야기했던 것 같다.

그러던 어느 날 수업 시간에 발표하던 도중 '영한이는 글을 참 앵커처럼 잘 들리게 읽는다'는 담임선생님의 칭찬을 듣고 생각이 번쩍였다. 저녁 시간이 넘어가면 지상파에서는 아이들이 볼 만한 프로그램이 거의 방영되지 않았다. 단칸방에서 혼자 TV를 틀어놓고는 저녁 정보 프로그램이나 퀴즈쇼, 시사교양 프로그램들에서 나오는 사람들의 말에 대꾸하거나 따라하곤 했다. 내용은 일절 알아듣지 못해도 TV와 함께 있으면 외로움을 달랠 수 있었고 나도 TV 속으로 들어가고 싶다는 생각을 했었다. 그러던 찰나 선생님의 말에 아나운서라는 직업이 머릿속을 파고든 것이다. 어린 생각에 아나운서는 그저 '방송국에 취업해서 아나운서라는 직책을 부여받으면 된다'라고만 생각했다. 더군다나 적당한 인지도와 더불어 사람들의 신뢰까지도 얻을 수 있으니 말과 글을 남기는 데 더할 나위 없는 직업이었다. 그렇게 초등학교 5학년 때부터 아나운서가 되겠다는 목표를 세웠다.

친구들을 만나거나 인터뷰할 때 "꿈을 이룬 기분이 어떠냐?"라는 질문을 왕왕 듣고는 한다. 그러나 나는 목표했던 직업을 가졌을 뿐, 꿈을 향해서는 아직 갈 길이 멀다. 정확히는 '책을 쓰며, 강연을 한다'는 동사이기 때문에 내가 죽는 순간까지도 그 과정에 있을 뿐 결코 완성되지는 않을 것이다. 덕분에 나는 삶을 과제를 하듯 살아가지 않는다.

해도 해도 끝이 없다며 세상에 푸념하는 사람들이 많다. 그러나 꿈을 어느 한순간으로 한정 짓지 않는다면 마음이 훨씬 편해진다. 심지어 나 같은 경우는 내가 죽고 난 이후까지도 기억되기를 바라다 보니, 굳이 타인이 정해놓은 '순간적' 가치들에 휘둘릴 필요가 없어졌다. 나의 존재는 무한할뿐더러 자신을 바로 알아가는 데만 해도 시간이 더없이 모자라다. 살아 있는 짧은 시간 동안 오직 나로서 구분되는 방법에 대해서 집중할 뿐이다.

언더독 마인드

하이 리스크 하이 리턴의 재해석

'하이 리스크 하이 리턴high risk high return.' "높은 위험성이 큰 보상을 불러온다"라는 이 말은 우리에게 너무나 익숙하다. 하지만 우리는 늘 아직 발생하지도 않은 위험 앞에 지레 겁먹는다. 이뿐만 아니라 지금까지 회자되는 수많은 성공 법칙은 이미 수천 년 전에 나온 것이다. 그러나 대부분의 사람은 이 법칙들을 알면서도 여전히 실행하지 못한다. 이러한 양상을 보다 보면 '성공이란 소수만이 누릴 수 있는 특권으로 정해진 게 아닐까' 싶은 의구심까지 든다. 하지만 이러한 가정은 무기력에 먹이를 줄 뿐, 나의 삶에 아무런 영향을 주지 못한다. 그래서 나에게 더 유리하도록 생각을 조금 틀어보기로 했다. 위험성은 적지만(로우 리스크) 더 큰 보상(하이 리턴)을 취할 인생의 치트키가 있다면 어떨까.

어쩌면 우리는 이미 위험 속에 있을지도 모른다. 열악한 환경 속에 매일 발버둥을 치며 힘겹게 싸우고 있지 않은가. 우리의 일상 전체가 위험(하이 리크스)이라면 큰 보상(하이 리턴)을 도출할 준비가 이미 갖추어졌다는 뜻 아닐까? 이러한 마인드를 장착하자 두려움 때문에 도전이 막혔을 때 더 쉽게 상황에 대해 생각할 수 있게 되었다. 새로운 위험을 감수하는 게 겁이 난다면 굳이 안 해본 일에 무리하며 도전할 필요 없다. 이미 감내한 위험 요소들을 찾아 그곳에서부터 보상을 거둬보는 것이다.

살아가다 보면 이따금 분야를 막론하고 불리함을 실감할 때가 있다. 모래주머니를 차고 달려야 하는 현실이 억울하기도 하다. 그런데 우리는 때때로 쓸모없이 무겁기만 한 그 모래주머니를 일부러 차고 운동하지 않는가. 같은 시간, 같은 운동을 하더라도 더 좋은 보상을 받기 위한 훈련 도구로써 말이다. 이처럼 인생의 어려움을 장애물이 아닌 성공을 위한 모래주머니로 인식할 필요가 있다.

떼려야 뗄 수 없는 환경의 제약을 어쩌겠는가. 상황은 어찌할 수 없지만 그것을 해석하는 건 우리 몫이다. 모래주머니를 차고 있는 당신은 이미 위험을 감수하고 있다. 하다못해 연민마저 보상으로 해석할 여지가 있다. 그래서 나는 사람들의 동정부터 활용했다. 내가 무언가 유의미한 결과를 내지 못했을 때, 예를 들어 학창시절 기대 이하의 성적을 받았을 때면 '학원도 안 다니고 이 정도면 훌륭하다', '혼자서 고생했다'와 같은 진심 어린 위로를 받을 수 있었다. 굳이 타인에게 위로받지 못하더라도 괜찮았다. 나에게 어려운 환경이란 '졌지만 잘 싸웠다'며 스스로 위안 삼을 수 있는 최고의 피난처가 되어주었다.

애초에 열악한 환경을 지닌 사람을 향해서는 기대 자체가 크지 않다. 주목받지 못하는 만큼 무언가를 시작하는 데도 부담이 적었다. 내가 만족시킬 대상은 나 하나로 충분했는데 이미 불리한 환경이라는 리스크를 등에 업은 만큼 추가로 염려해야 할 위험 요소가 적은 셈이었다. 일단 부담의 크기를 줄임으로써 무엇이든 시작해 볼 용기를 키울 수 있었다. 아니나 다를까. 두각을 나타내지 못했다 한들 무너질 필요가 없었다. 애당초 기대가 적었던 만큼 누군가에게 좀처럼 실망감을 안겨주는 일도 없었고, 결과에 대한 아쉬움은 환경을 탓하면서 달랬다. 상황이 좀 더 나아진다면 훨씬 더 좋은 퍼포먼스를 낼 수 있을 거라는 일말의 희망은 덤이었다. 그야말로 남들보다 잃을 게 적은 도전이었다.

그런데 만약에 기대 이상으로 좋은 결과를 도출해 낸다면? 모든 성과 앞에는 '그럼에도 불구하고'라는 수식어가 붙는다. 남들과 비슷한 결과를 냈더라도 더 큰 보상과 의미가 부여되었다. 위험을 남보다 덜 감수하면서도 오히려 결과에 더 큰 의미를 부여할 수 있는 아이러니가 일어난 것이다.

이러한 해석은 단순히 물질적인 환경에 국한되지 않는다. 시간을 비롯한 여러 제약을 한탄하기보다는 역이용함으로써 나는 상대적으로 더 유리한 기회를 얻을 수 있었다. 가령 군에 입대할 때도 친구들은 2년간 시간을 버렸다는 마음으로 늘어져 있었다. 그런데 나는 그들의 무기력함 속에서 오히려 앞서 나갈 기회를 찾았다. 모두가 가만히 있다면, 일단 뭘 해도 우위에 서기 쉽다. 시작은 사회에서 취업 준비가 한창인 여자 동기들을 따라 토익 공부와 자격증 따기에 몰두했다. 그렇게 반년 정도가 지날 무렵, 나는 취업에 필요한 기본적인 스펙을 미리 갖추게 되었다. 확실히 마음에 여유가 찾아왔다. 그 기세를 이어 더 많은 것을 준비했으면 좋았을 법도 하지만, 서너 개의 자격증을 따고 나니 조금은 의욕이 꺾였다. 어차피 어학 성적은 2년마다 갱신해야 하는 데다가, 대학부터 졸업하고 본격적으로 취업 전선에 뛰어들 무렵에 다시 준비해도 늦지 않겠다는 거만한 생각까지 들었기 때문이다. 그리고 이러한 스펙들은 내가 남들보다 시간만 좀 앞당겨 갖췄을 뿐, 결국 누구나 하게 될 것들이었다.

남들과는 차별화되는 나만의 경쟁력을 갖출 수 있는 게 무엇일까 고민했다. 단순히 군 생활을 알차게 보내는 정도로는 성에 차지 않았다. 군 복무라는 시간을 제약이 아닌 기회로, 군대에 입대하지 않았더라면 오히려 얻지 못했을 것이 무엇일까 궁리했다. 고민 끝에 다다른 결론은 생각보다 단순했다. 시간을 더 막 써야겠다는 것. 사실 딱히 이룬 것 없이 건강하게 전역하기만 해도 뭐라 할 사람이 없는 게 군대다. 그래서 전역 후 자유인 신분으로는 좀처럼 효율을 따지느라 시도하지 못할 것에 시간을 쏟아보기로 했다. 버려지는 것과 다름없는 시간인 만큼 기존의 내 가치관대로라면 비효율적이라 여겼을 법한 일을 해보기로 했다. 그렇게 골라낸 세 가지가 바로 이것이다.

1) 책 100권 읽기
2) SNS
3) 영상 편집

분명 내 성장에 도움이 될 테지만, 막상 시간이 주어졌을 때 우선순위에서 밀릴 법한 자기계발 요소들이었다. 아니나 다를까. 그렇게 시작한 세 가지 도전은 전역 후 나의 삶을 송두리째 바꾸었다. 숨겨져 있던 특별한 소질을 발견한 건 아니었다. 단지 시작했다는 것만으로 삶의 격차가 벌어졌다.

세상은 치열한 듯 보이지만 막상 가까이서 들여다보면 실천하는 사람이 극히 드물다. 주변이 놀고 있으면 덩달아 안주하며 퍼지게 되고, 열정적인 환경에 놓인다 해도 옆 사람을 따라 하기 바쁘다 보니 결국 평균에 머무르기 일쑤다. 남들과 달라지기를 바라면서 타인의 발자취를 뒤쫓기 바쁜 아이러니인 것이다. 자신만의 것에 도전하지 않는 이유를 물어보면 남들과 다른 것을 찾기가 어렵다는 답변이 돌아오곤 한다. 여기서 내가 해줄 수 있는 응답은 하나다. 너무 먼 데서 찾을 필요 없다는 것. 대단하고 잘난 것만 특별한 게 아니라는 사실을 깨우칠 필요가 있다. 부족하고, 열등하고, 불리한 부분에서 차이점을 찾는 것이 오히려 가장 빠른 길이 될 수 있다. 우리가 원치 않게 지고 있었던 위험 속에 숨겨져 있던 보상을 거두는 것이다.

당신이 불리하다고 생각해 온 환경들이 기회비용의 측면

에서는 가장 유리한 조건이 될 수 있다. 대개 시작을 망설이는 가장 큰 이유는 실패가 두렵기 때문이다. 그들이 말하는 실패란 상황이 오히려 나빠짐으로써 도전을 안 하느니만 못한 상태에 놓이는 것인데, 애당초 불리한 환경에서는 남들보다 더 잃을 게 없다. 기대가 적기 때문에 조용히 시작하기 쉽고, 작은 성과만 이루더라도 훨씬 큰 의미 부여가 가능해진다. 더불어 어떤 결과를 마주하더라도 보상으로 받아들일 줄 알게 되면서, 새로운 도전에 대한 망설임은 점점 줄어들 것이다. 그러한 보상에 익숙해지는 게 계속해서 나를 발전시킬 추진력 또한 강해질 것이다.

다시 한번 말하지만 세상을 살아가면서 우리는 이미 각자의 리스크를 감수하고 있다. 당신이 삶을 고되게 느낄수록 추가로 부담을 져야 할 위험은 적고 그 속에는 큰 보상이 기다리고 있을 뿐이다. 변화하고 싶다면 도전하지 않을 이유가 없다. 당신의 환경적 제약을 모래주머니로 삼아 남들이 망설이고 있을 때 먼저, 발을 내딛어보자.

나를 나답게 해주는 것

　다른 사람의 말에 휘둘리지 않고 나만의 기준으로 무언가
를 선택해야만 더 행복해질 수 있다는 이야기를 심심치 않게
듣는다. 남의 방식을 따르는 것은 수동적이며 시대에 맞지 않
기에 '나다움'을 찾아 나서라는 것이다.

　'나답게 살라는 말'마저 특정한 기준이 있는 것처럼 느껴
지는 건 기분 탓일까. 누군가의 깊은 고민이 들어간 삶의 방
향성이라도 그것이 대다수와 겹친다면 식상하다는 평가를
받는다. 마치 모두가 '달라야 한다는 강박'에 휩싸인 듯하다.
때로는 '나다움'마저 몇몇 판단자의 기준을 따르고 있다. 그
들이 형성해 놓은 기준에서 벗어나면 괴짜, 이단아 취급을 받
기 일쑤다. '나답게 살라'면서도 나다움을 계속해서 평가받는

사회에서 우리는 어느 장단에 맞춰야 할까?

우선 나다움의 의미를 좁히는 데서 시작해 보자. 이 책에서 이야기할 나다움이란, '살아가며 마주하는 모든 현상에 대한 개인의 진솔한 반응'이다. 여기서 반응이 뜻하는 바는 좋고 싫음의 구분, 희로애락과 같은 감정부터 개인이 추구하는 가치와 신념을 아우른다. 개인이 특정한 현상에 대해 갖는 감상들은 그것이 발현된 원인이 명확한 것들도 있지만, 설명하기 어려운 경우가 태반이다. 나를 이해하려 애쓰고, 때로는 몰랐던 속내를 발견하고 인정함으로써 더 '나다운 모습'을 갖춰나가는 것이다. 다시 말해 나다움의 발견은 무에서 유를 창조하는 것이 아니다. 주어진 환경의 좋고 나쁨을 떠나 내면에 담긴 솔직한 욕구를 바로 알고, 그것을 실현하기 위해 최선의 선택지를 고르는 일련의 과정에서 실마리를 명확히 찾는 것이다.

나다움은 기질 위에 경험을 쌓으며 형성된다. 우리는 여러 유전적 기질을 갖고 태어난다. 생김새를 비롯한 물리적 영역뿐만 아니라 정서적 특징까지 일정 부분 타고남을 주장하는 연구 결과는 이미 수두룩하다. 그렇다고 우리 인생까지 결정된 것은 아니다. 자라는 환경에 따라 부족했던 능력이 향상되거나 가치관이 뒤바뀔 수 있다는 것 또한 여러 차례 증명되었다. 이처럼 나다움이란 '기질'이라는 토대 위에 개개인의 선택에 따른 '경험'이 쌓이며 완성된다.

　태어날 때부터 정해지는 기질을 두고 우리는 쉽사리 불공평함을 느끼곤 한다. 경주에 임하기로 마음은 먹었는데 달릴 준비를 마치고 보니, 출발선부터가 다른 것이다. 이미 저 앞에서 준비하는 사람이 있는가 하면, 나는 맨발인데 누군가는 인라인스케이트를 신고 있다. 심지어 대신 뛰어줄 대리자에게 맡겨 두고는 편안히 의자에 앉아 구경만 하는 사람까지 있다. 삶과 죽음이라는 출발점과 종착점만 존재할 뿐, 애석하게도 인생이라는 레이스에는 정해진 규칙이란 게 없는 모양이다. 그러나 이에 불만을 가질 여유조차 우리에게는 없다. 출발을 알리는 총성은 이미 울렸기 때문이다. 달리기로 한 이상, 눈 뜨고 코 베일 수는 없다. 그나마 다행이라면 이 경기의 트랙이 제법 길다는 것이다. 끝은커녕 당장 눈앞도 제대로 보이지 않는다. 그렇다면 나에게도 언젠가는 앞지를 기회가 생기지 않을까. 오직 그 믿음에 모든 것을 배팅하는 거다. 그러기 위해서는 인정할 건 인정하고 '바꿀 수 있는 것'에 집중하는 수밖에 없다.

나다움의 요소를 고려해 우리가 취할 수 있는 전략은 두 가지다. 먼저 기질을 인정해 보자. 뒤를 돌아보라. 우리 앞으로 다양한 선두주자가 있는 건 사실이지만, 훨씬 뒤에서 출발한 이들 역시 수를 헤아릴 수 없을 정도로 많다. 문제는 대부분의 사람들이 '내가 갖지 못한 것'에만 몰두한다는 것이다. 하지만 그들과 반대로 '내가 가진 것'을 잘 살펴본다면 그 속에서 내가 가진 유리한 요소들을 찾을 수 있다. 타고난 기질이 출발점에서는 빛날지 모르겠으나, 계속 빛을 발하느냐 혹은 퇴색되느냐는 이후로 겪게 될 환경과 경험에 달려 있다. 나도, 남도, 모두가 결국 변할 것이다. 어떻게 변하는지에 따라 순위가 뒤바뀌는 것이다.

"분수껏 살라"는 말이 언제부턴가 누군가의 적극성을 누르는 말처럼 여겨진다는 게 참으로 씁쓸하지만, 개개인이 처한 환경이 지대한 영향을 미친다는 것을 부정하지는 말자. 우리는 환경에 대해 논할 때 유리한 부분보다는 불리한 부분에 초점을 두는 경향이 있다. 이러한 편견에서 벗어나는 데서 출발해야 한다. 나다움은 본인이 특별하다는 자존에서 시작하기 때문이다. 물론 타인의 눈에 띌 정도로 비범한 능력을 지녔다면 더할 나위 없겠지만, 공동체에 속해 살아가는 우리의 능력치는 거기서 거기로 비치기 십상이다.

모두가 성과를 끌어내기까지의 과정과 환경이 다르기에 당신이 이뤄낸 성과 못지않게 과정과 토대를 돌아볼 필요가 있다. 쉽게 말해, 모든 가치는 본인의 기준에 달려 있다. 그리고 그 기준을 바로 알기 위해서는 마치 자전거의 양쪽 페달을 번갈아 밟아야 넘어지지 않듯, 본인의 기질과 쌓아갈 경험에 고른 무게를 실어야 한다. 타고난 기질에 지나치게 의존해서는 좀처럼 변화할 의지를 도출하지 못한다. 반대로 경험에 의해 바뀌기를 맹신한다면 현실과의 부조화에 치여 모멸감을 느낄 수밖에 없다.

우리 사회가 결과주의에 지나치게 매몰되어 있음은 부정할 수 없다. 따라서 개인이 설정한 목표와 성취는 미디어를 통해 비치는 우월한 소수가 이뤄낸 것들에 비해 초라해 보이기 쉽다. 그러나 나에게 영감을 주는 지인들을 찾아가 성장에 대한 조언을 구해보면 모두 하나같이 객관적으로 비치는 성과의 양보다는 '본인 기준'이 중요하다는 것을 강조한다. 물론 성취 경험 자체가 부족한 사람이라면 당장의 절대적인 수치가 눈에 들어올 테지만, 이뤄내는 게 많아질수록 각자의 결과들은 무색해지기 마련이라고들 이야기한다. 숫자는 비교를

언더독 마인드

돕는 수단일 뿐, 가치는 언제나 상대적이기 때문이다. 가령 전교 10등에서 전교 1등으로 도약한 친구와 어려운 가정환경에도 불구하고 전교 꼴찌에서 반 1등을 하게 된 친구가 있다고 상상해 보자. 둘 중 어느 쪽이 더 대단하다고 생각하는가? 특정한 기준 없이는 두 성과의 우열을 가릴 수 없다는 말뜻이 이해되었다면, 우리는 나다움에 집중할 준비가 된 것이다.

'나만의 인생'이란, 꼭대기에서만 누릴 수 있는 것이 결코 아니다. 내가 바라던 것을 실현하는 주체적인 삶, '나답게 사는 것'만으로도 우리는 충분히 내 삶의 주인이 될 수 있다.

1등만 알아주는 더러운 세상이라면

오늘날 우리는 '숫자'로 가치를 매기는 사회 분위기에 너무나 익숙해져 있다. 마치 생존을 두고 다퉈야만 하는 제로섬 게임 같다. 이러한 줄 세우기는 한정된 자원의 분배를 위한 최선의 방안으로 여겨지고는 한다. 그러나 이러한 사회가 낳은 가장 잔혹한 문제는 따로 있다. 나의 성취가 곧 누군가의 패배로 자리매김한다는 것. 순위 경쟁에서 등수의 총량은 좀처럼 변하는 일이 없다. 위가 있으면 반드시 아래가 있다. 우리 사회가 서로를 마냥 응원해 주기 어려운 건 이 때문이 아닐까. 서로 눈치를 보기 바쁘며, 더 이상 나에게 아군은 없다.

운 좋게 경쟁에서 살아남아 남보다 조금이라도 더 가지게 되면 삶이 나아질까? 성공을 향한 쟁탈전의 가장 큰 모순이 여기서 비롯된다. 사람들은 이긴다 한들 1등이 아니라면 좀처럼 성취감을 느끼지 못한다. 애초에 우리는 '남보다 내가 더 가졌다'는 생각을 좀처럼 하지 못하기에 유의미한 성과를 거두고도 끊임없이 경쟁 구도에 짓눌린다. 이러한 맥락에서 세상은 더 가진 자와 덜 가진 자로 구분되지 않는다. 가진 자와 못 가진 자로 나뉠 뿐이다. 성취의 정도를 타인과 비교하는 한, 진정한 승자란 존재할 수 없다.

경쟁 자체를 부정할 생각은 없다. 다만 그 필요성을 먼저 재고해 보자는 이야기다. 굳이 따지자면 나는 경쟁 사회의 수혜를 본 사람이다. 갖고 태어난 만큼 살아가는 것을 공평함이라 여기는 자에게 나는 약탈자로 보일 것이다. 내가 이뤄낸 대부분의 성취가 정해진 노선을 밟지 않았기 때문이다. 그렇다고 그리 대단한 걸 이룬 건 아니다. 나의 발자취를 두고 숫자를 꺼내어 본다면 흠잡을 구석이 많겠지만, 나는 살아가며 수많은 선택을 받아왔다. 덕분에 비슷한 환경에서 지냈던 주변 사람보다 내 삶은 압도적으로 진보했다. 비단 경제적인 측면만 의미하는 게 아니다. 긍정적인 사고, 회복 탄력성, 자기 확신, 더 나은 삶을 향한 의욕을 얻었으며 무엇보다 꿈 타령이 그득한 사회에서 나는 천 명이 넘는 사람들과의 경쟁에서

　　　　　　　　　　　　1장 언더독 마인드 전략

살아남아 원하던 직업을 갖게 되었고 이후로도 내가 원하는 삶을 실현해 나가고 있다. 오직 열정을 가지고 스스로 모든 것을 개척하고 창출하라는 무책임한 말은 하고 싶지 않다. 그리 대단할 것도 없지만, 그마저 나 홀로 이룬 것은 단 하나도 없었다. 돈이 없다고 불평하기보다는 돈을 벌 궁리를 했고, 백이 없다고 질투하기보다는 뒷배를 만들어보자는 생각이었다.

유감스럽지만 내가 단기간에 원하는 것들을 이뤄내는 데는 '타인의 선택'이 필요했다. 자립심과 주체성이 각광받는 시대라지만, '도움을 받는 것'을 너무 나쁘게 생각하지 말아야 한다. 당장 좋은 대학에 가기 위해 공부를 하거나, 안정적인 회사에 취업하고자 스펙을 쌓는 모든 행위 역시 '더 나은 토대를 마련하기 위해' 타인에게 '선택받고자 하는 것'이지 않은가. 선택을 받을 필요가 없다면, 경쟁하지 않아도 된다. 내가 혼자 나아갈 수 있는 사람인지, 대의를 위해 거인의 어깨에 올라타야 하는지를 판단해 보지 않은 채 남들 따라 경쟁에 뛰어든다면 불만만 쌓이기 십상이다.

1등만 알아주는 더러운 세상? 맞다. 그러나 당신이 선택받기를 결심한 순간, 그것은 부정할 수 없는 현실이 된다. 경쟁

구도에서 불리한 스스로의 위치를 푸념한들 달라지는 것은 없다. 1등이 되기를 바라는 수많은 사람이 지닌 각자의 간절한 이유를 헤아리지 못하는, 그저 잡음을 내는 패배자로 비칠 뿐이다. 잘못된 것을 바로잡겠다는 취지가 분명하더라도, 불평하기보다는 성장하는 사람의 목소리가 더 크게 들리기 마련이다. 경쟁의 옳고 그름을 판단하기에 앞서 누군가가 나를 알아주길 바란다면 일단 '내가 1등이 되어보는 것'이 우선 과제라는 생각이 들었다. 운 좋게도 나는 일찍이 열등한 삶을 극복하고자 하는 의지를 지녔다. 늘 혼자 방치되어 있었던 단칸방 안 TV에 나온 단란한 가족 모습과 나의 처지를 비교하면서, 명절이면 마주하는 친척 어른들의 동정 어린 눈초리에서 내가 상대적으로 불리한 환경에서 자라고 있음을 초등학교에 채 입학하기 전에 받아들여야 했다. 그리고 나는 받아들일 수 있었다. 그 시절의 비교와 연민을 원망하지 않는다. 그것들은 나의 기를 죽이지 못했다. 오히려 어떻게든 나를 1등의 자리에 올려놓겠다는 의지의 거름이 되어주었다.

당신이 생각하는 1등은 누구인가? 특정한 분야를 정하지 않는 한, 이 물음에 추상적으로 답할 수밖에 없다. 1등은 '단 한 사람'이라고만 생각했는데, 세상에는 너무나 다양한 1등이 존재했던 것이다. 순위보다 중요한 건 '어떤 분야에서 경쟁할 것인지'였고, 그보다 더 중요한 건 '왜 1등이 되어야 하는가'에 대한 이유였다. 그렇다면 우리는 왜 경쟁을 하는 것일까? 사실 대부분의 경쟁은 '타인의 선택을 받기 위해' 치러진다. 자원과 기회는 한정되어 있는데 그것을 원하는 사람이 많기 때문이다. 이러한 맥락에서 경쟁은 내가 아니라 '뽑는 이의 편의'를 위한 것이다.

경쟁이란 그들이 뽑을 사람을 선택하는 데 도움을 주는 것일 뿐, 절대적인 기준이 되지 못한다. 애당초 경쟁에 뛰어든 것은 개개인의 선택이고 법이나 규칙으로 정해둔 것이 아니기 때문이다. 윤리적인 차원에서 나름의 기준을 정하기도 하지만, 그 역시 그렇게 함으로써 생기는 이윤이 있기 때문이다. 따라서 뽑는 이의 기준이 바뀌었다고 한들, 을의 위치에 있는 지원자가 함부로 나무랄 거리가 못 된다. 물론 절대적인 우위를 점한 사람에게는 억울한 이야기겠지만, 경쟁이란 불확실성을 줄이기 위한 과정에 불과함을 받아들일 필요가 있다. 하지만 경쟁에서 우위를 점한다 한들 결과에 백 퍼센트의 승률은 없다는 것은 우위를 점하지 못한 사람에게도 약간의 가능성이 존재함을 뜻한다.

언더독 마인드

나는 그 지점에 집중하기로 했다. 순위 경쟁에 뛰어든 이유는 결국 선택받기 위함이다. 분야를 막론하고 1등이 유리한 것은 자명하지만, 어떤 1등이 더 나은지는 선택자에게 달려 있다. 그래서 나는 분야를 가리지 않고 내가 점할 수 있는 영역을 찾아 1등이 되기로 결심했다. 목표를 정하고 성취했던 나의 모든 성장 프로세스는 여기서 출발했다. 주변 사람들이 보기에 나는 원하는 것을 기적처럼 이뤄낸 '독한 놈'으로 치부되기도 하지만, 냉정하게 평가해 볼 때 나는 무엇이든 이뤄낼 만한 위인은 못 된다. 정확히 내가 1등을 차지할 법한 영역만을 골라 경쟁에서 쟁취한 결과들이었다.

그러기 위해서는 내가 무엇에 능한지를 탐구하고 개발하는 것이 중요하다. 그러나 분야를 막론하고 1등이 되는 것은 결코 쉽지 않다. 오래 뛴 사람부터 잘 뛰는 사람까지, 이미 세상에는 나보다 앞선 주자들이 수두룩하다. 사람들은 대개 선발주자와 비교되는 것이 두려워서 뛰어들지 않는다. 내 가치와 상태는 그대로인데 경쟁에 뛰어들었다는 이유만으로 상대적인 열등함을 느끼게 되니 거부감이 드는 것이 당연하다. 여기서 문제는 그 열등함에 의욕을 잃고 멈춰버리면 '내 상태가 그대로 남는다는 것'이다. 반면, 모자랄지언정 일단 뛰

1장 언더독 마인드 전략

기 시작하면 변화가 뒤따르기 마련이다. 결국 더 나은 사람이 되기 위해 우리에게 필요한 것은 '성장'과 '극복'이라고 생각한다. 잘하는 것을 발전시키고 부족한 것을 보완하는 데 누가 나쁘다 말할 수 있겠는가. 이처럼 무언가에 뛰어든다는 것은 자신이 열등하게 비칠 수 있을지 몰라도 과거의 나보다는 더 나은 사람이 될 수 있는 확실한 방편이다.

앞서 말했듯 주자가 많은 트랙에 뒤늦게 합류하는 것은 뒤처지기를 자처하는 일이다. 그러나 나 혼자 텅 빈 다른 트랙을 뛴다면? 이러나저러나 그곳에서만큼은 내가 1등이다. 그래서 나는 비교가 두려워 멈추기보다는 누구와도 비교 불가능한 나만의 트랙을 달리기로 마음을 바꿨다. 그러자 스펙 없이도 나는 선택받기 시작했고 내 인생은 급속도로 달라졌다. 대학 입시부터 인기 있는 스타트업의 스카우트 제안, 천 명대의 경쟁률에 달하는 아나운서 입사까지. 나는 그 모든 경쟁을 치르는 동안 다수가 준비하는 스펙이나 시험 성적으로는 단 한 번도 1등을 해본 적이 없다. 그럼에도 내가 선택받을 수 있었던 가장 큰 무기는 바로 나만의 트랙에서만큼은 내가 1등이라는 '확신'이었다고 생각한다. 이 전략의 가장 큰 강점은 경쟁률이 무의미하다는 데 있다. 비교 대상이 없기 때문

언더독 마인드

에 내가 선택받느냐 그렇지 못하느냐 오직 두 가지 경우의 수만 존재한다. 열등감도 우월감도 느낄 필요 없이 오롯이 자신에게만 집중함으로써 나를 더욱 견고히 할 수 있는 전략인 셈이다.

나만의 트랙이 볼품없어 보일지언정 일단 뛰어야 한다. 우리가 흔히 놓치는 게 하나 있다면, 세상은 성과를 묻지 성공률을 묻지 않는다는 것이다. 하다못해 기업 이력서에 넣는 어학 성적만 하더라도 최고 성적을 요구할 뿐, 총 몇 번의 시험을 봤는지는 묻지 않는다. 내가 가진 가장 최선의 모습만 보여주면 된다.

실패는 극복 경험을 쌓기 위한 기회를 낳는다. 실패의 아픔에도 불구하고 추후에 성장을 일궈냈다면 당신은 끈기와 용기를 지닌 사람으로 더욱 빛날 것이다. 이처럼 실패하는 그 잠깐의 순간이 두려워 움직이지 않는 것은 올림픽을 앞둔 운동선수가 금메달을 따지 못할까 봐 연습을 그만두는 것과 같다. 누구와도 비교될 수 없는 나로 거듭나자. 1등만 알아주는 더러운 세상, 까짓거 나만의 1등이 되어 주체적으로 삶을 바꿔보는 것이다.

'나'를 바로 알게 해준 방법들

우리가 나다움을 무기로 경쟁에서 살아남기로 결심한 이상 전략을 펼치기에 앞서 우선 자신에 대해 얼마나 알고 있는지를 점검해 보자. 잠시 '나는 어떤 사람인가?'에 대한 질문에 대한 답을 떠올려보자. 단어, 문장, 그 어떤 방법이라도 좋다. 간단한 질문이면서도 쉽사리 대답이 튀어나오지 않을 수 있다. 어쩌면 쉽게 정의 내리지 못하는 게 더 정상에 가깝다. 인생이란 '나 자신'을 찾아가는 여정이며 그 과정은 한평생에 걸쳐 이루어진다고 생각한다. 그렇기에 우리는 자신에 대해 전혀 모르거나, 알더라도 아주 파편에 불과할 뿐이다. 그럴 수밖에 없는 것이 우리의 성장 환경이 좀처럼 기회를 주지 않은 탓도 있다. 한국에서 태어나 성인이 되기까지 10년 넘게 학교에서 교육받으면서도, 내면을 돌아볼 시간이 좀처럼 없다. 진로 탐구를 위한 프로그램들이 활발히 도입되는 추세라 한들 역부족이다. 기껏해야 온라인이나 단발적인 강연을 통해 간접적으로 경험하는 수준이며, 그마저도 '대학 진학'에 초점이 맞춰진 경우가 태반이다. 성인이 되고 나서야, 먹고살 궁리를 시작한다.

결국 우리는 주체적으로 선택한 목적지 없이 등수를 높이기 위해 냅다 달리기 바쁘다. 주변에서 다들 공부를 하니 일단 조금이라도 배치표에서 높은 칸을 차지한 대학에 들어가야 좋다는 생각뿐이다. 그렇게 대학만 가면 모든 것이 탄탄대로일 줄 알고 성실히 공부해 진학에 성공했음에도, 막상 입학 이후 별거 없음에 큰 허무감을 느끼는 친구들이 수두룩하다. 아직 늦지 않았으니 좀 더 나다운 삶의 방향을 고민해 볼 법하지만, 그간 공부해 온 시간에 대한 보상 심리로 미련의 끈을 놓지 못한 채 이도 저도 못한다. 전공을 따라 직업을 갖는 경우 자체도 많이 줄었지만, 전공을 살린다 한들 자신에 대해 진지하게 생각해 보지 않는 경우가 태반이다.

자기 자신에 대해 제법 고민해 봤다고 생각하는 이들마저 한번쯤 돌아볼 필요가 있다. 운 좋게도 나는 습관적으로 스스로에게 물음표를 던지기를 즐겼다. 태생적으로 고민과 걱정이 넘치는 기질을 지닌 탓이자 길라잡이가 없었던 환경이었기에 뭐든지 직접 선택해야 했기 때문이기도 하다. 그러다 보니 적어도 나만큼은 내가 무엇을 좋아하고 어떤 특성을 지녔는지 철저히 안다고 생각했다. 그러나 착각이었다. 누군가 나에 대해 묻는다면 어렵지 않게 설명을 늘어놓을 수 있었지만 그것은 '본연의 정영한'이 아니었다. 자기 PR의 시대를 살아오며 늘어난 것은 그럴싸한 궤변뿐, 솔직한 내 모습이 아니었던 것이다.

나다움에 대해 착각하고 있음을 확실하게 깨달은 계기는 바로 취업 면접 준비였다. 아나운서에 도전한 첫 시험부터 운 좋게 면접까지 올라갔다. 심지어 면접을 보는 내내 준비한 대로 답변을 잘했다는 생각이 들었고 분위기도 나쁘지 않았다. 이렇게 단번에 합격해도 되는 건가 싶어 우쭐하기도 했다. 그러나 결과는 불합격. 준비된 유창함에 대한 긍정적인 반응은 결코 합격 시그널이 아니었던 것이다. 면접을 보는 데 있어서 기술적으로 더욱 발전시킬 것이 없었기에 혼란스러웠다.

아나운서라고 하면 전국에서 말 잘하기로 소문난 사람들로 대표되는 집단이 아닌가. 번데기 앞에서 주름을 잡은 꼴이었다. 껍데기보다 중요한 건 진정성이었는데 말이다. 언변의 문제가 아님을 뒤늦게 직감한 나는 답변에 앞서 생각부터 완전히 뜯어고쳐 보기로 했다. 그렇게 가장 먼저 시작한 것이 바로 '나의 연대기 작성'이었다.

스케치북을 펼쳐 놓고는 태어난 1996년부터 면접을 준비하던 당시 2021년까지 모든 연도를 적고는, 해당 연도에 기억이 나는 모든 업적을 써 내려갔다. 기억이 나지 않는 어린 시절은 당시 어울렸던 친구들 또는 친인척에게 물었다.

학교나 조직에서 맡았던 직책, 시기별로 좋아했던 것과 싫어했던 것, 주변의 평가 등 성격이 드러나는 에피소드라면 모조리 주워 담았다. 온라인상에 공유되는 유명인사의 위키트리처럼 '정영한'이라는 사람의 백과사전을 만든 것이다. 재밌는 건 종이에 적힌 나의 발자취와 내가 생각했던 나 사이가 꽤 달랐다는 점이다. 예를 들어, 나는 나를 다른 사람에게 도움을 주는 데서 보람을 느끼고 희생과 양보를 주요 가치로 여기는 사람이라고 생각했다. 그런데 연대기를 보니 어려서부터 직위를 쟁취하는 데 상당한 승부욕이 있었다. 게다가 조직의 전통을 고수하고 규칙을 잘 따르는 편이라 생각했는데 언제나 반장이나 조직의 대표를 맡게 되면 기존에 있던 제도를 개선하거나 새로운 문화를 도입하는 데서 재미를 느꼈음이

1장 언더독 마인드 전략

떠올랐다. 이뿐만 아니라 영화와 음악과 같은 예술적 취향, 이상형이라고 말하고 다니던 것과 내가 실제로 호감을 느꼈던 이성들의 특징이 정반대였던 것처럼 여러 면에서 불일치를 발견할 수 있었다.

나의 연대기를 통해 살아온 과거와 지향하는 미래의 간극을 인지한 다음으로는 현재에 집중하기로 했다. 뒤에서 더 자세히 이야기하겠지만 그중 '좋고 싫음'을 구분하는 것은 주체적인 모습을 찾아가는 데 가장 쉽고도 효과적인 방법이었다. 지난 시간을 반추해 보건대, 나를 나답게 만들어준 전환점은 대개 '삘짓'으로 치부되는 것들이었다. 꼭 이 방법을 따르란 이야기는 아니다. 다만 자신이 살아온 발자취와 좋아하는 것을 비롯한 아주 사소한 것이라도 더 알아보려는 의지를 갖자는 말이다. 그러면 진정 내가 가진 가치와 장점들이 보이기 시작할 것이다.

'해내야 한다'는 강박을 이기는 법

우리는 대단한 무언가를 해내야 한다는 강박을 갖고 있다. 반면 방대한 목표를 세울수록 아주 사소한 변화들은 소홀히 하는 경향이 있다. 티끌은 모아봐야 티끌이라며 작은 것에 힘 뺄 여유가 없다는 식이다. 단번에 많은 사람의 공감을 자아낼 만한 파격적인 기회가 찾아와 주기를 기다린다. 그러나 누가 보기에도 확실한 기회가 가만히 있는 사람에게 주어지는 일 은 좀처럼 없다. 수많은 성공 사례를 참고해 목표를 키워보지 만, 이미 많은 사람이 향유하는 영역에서 똑같은 방법으로 두 각을 나타내기란 불가능에 가깝다. 그렇게 머뭇거리다 끝내 아무것도 하지 못하는 경우가 태반이다. 그러고는 특별한 전 환점을 마주하지 못하는 것에 대해 상대적으로 불리한 자신 의 여건을 탓한다. 일단 뭐라도 해볼까 싶은 생각이 스치지

1장 언더독 마인드 전략

만, '고작 이 정도 가지고는 별 소용없을 거야'와 같은 부정적인 생각에 가로막히기 십상이다. 내가 자라면서 만난 대부분의 사람들은 이와 같은 패배감에 젖어 있었다. 그렇다면 성장은 애초에 대단한 것을 갖춘 이들만의 산물일까?

어느 정도 인정받는 위치에 있다고 여겨지는 이들 역시 눈치 보며 망설이기는 마찬가지다. 내가 의무경찰로 군에 입대했을 때 청와대 경비대를 비롯한 몇몇 특수부대에는 별도의 면접을 통해 차출되어 온 특이 이력을 지닌 선임들이 많이 있었다. 어학 특기자 우대가 있다 보니, 자연스레 해외 명문대 출신뿐만 아니라 소위 한가락 하는 집안 자제들도 여럿 있었다. 확실히 나와는 다른 경제적 수준에서 자라온 사람들과 같이 지내게 된 셈이다.

솔직히 말해 나는 성장 과정에서 부유한 사람들에 대한 어느 정도의 색안경을 끼고 있었다. 귀하게 자라 끈기가 부족하다거나 자기중심적이고 거만할 것 같다는, 미디어에 비친 '클리셰' 같은 탐욕스러운 면모들 말이다. 그러나 그러한 반감은 궁핍했던 성장 과정에서 상상 속 부자들을 부러워하지 않기 위한 방패막이었을 뿐, 막상 그들을 마주했을 때 척을 질 필요는 없었다. 실제로 겪어 보니 사람의 성격은 경제적 수준과는 유의미한 상관관계가 없어 보였고, 이따금 외출과 휴가를 같이 나가면 맛있는 밥과 술을 아낌없이 사주는 형들을 미워할 이유가 없었다. 부지런히 얻어먹으며 진심을 다해 감사를 표하는 것만으로 나는 그들과 금방 친해질 수 있었다. 이런저런 이야기까지 나누며 사이가 돈독해질 무렵, 한 선임에게서 나에 관한 이야기를 듣게 되었다.

선임은 오히려 내가 부럽다고 했다. 저렴한 물건을 하나 사거나, 하다못해 유명한 식당 한 곳 찾아가는 것만으로 진심으로 만족스러워하는 게 느껴졌고, 스스로 일궈낸 작은 성취에도 자부심을 갖는 모습이 멋져 보였다는 것이다. 반면 본인은 하나부터 열까지 부모가 깔아준 멍석 위에서 스펙을 화려하게 쌓았고, 이러한 토대를 발판 삼았다 한들 기껏해야 좋은 회사에 취업하는 게 최선이라고 했다. 그리고 그 정도로는 부모가 이룬 성취의 수준을 결코 넘어서지 못한다는 것이었다. 선임은 '나의 부모가 내 인생의 유리 천장'이라는 비유를 들었다. 누군가는 부모의 지원에 감사한 줄 모르는 철부지라 여길지 모르겠지만, 나는 선임의 눈빛에서 진심을 느낄 수 있었다. 부모의 투자 덕분에 효율적으로 성장할 수 있었던 한편, 삶에 대한 외부의 기대치가 너무나 높아졌다. 그리고 높아진 기대가 고스란히 부담감으로 바뀌면서 그는 좀처럼 성취감을 느끼기 어려운 사람이 되어버렸다. 갖고 싶은 게 생기면 언제든 가질 수 있었기에 주체적인 삶을 살 기회 자체가 없었던 것이다.

나의 삶은 정반대였다. 성장 과정에서 내가 받아온 기대라고는 그저 건강하라는 것뿐이었다. 단 한 번도 공부하라는 잔소리나 성적에 대한 압박을 받아본 적이 없었다. 친척들이 주는 세뱃돈을 제외하고는 용돈이란 개념도 없었다. 덕분에 갑자기 돈이 생길 때면, 갖고 싶었던 물건들 사이에서 우선순위를 정하는 고민 자체가 나에겐 행복이었다. 아주 사소한 것에서부터 의미를 찾아왔던 것이다.

그렇다고 해서 내 성장 배경이 결코 선임보다 낮다고 생각하지는 않았다. 그가 안됐다거나 불행하다고 여긴 적도 없다. 선임 역시 그러한 고민을 바탕으로 자신의 삶을 잘 개척해 나가고 있다. 그 대화를 계기로 나는 모두에게 각자의 환경에 걸맞은 애로 사항이 있음을 알게 되었으며, 인생의 어려움은 각자가 처한 환경에 따라 다르게 일어난다는 것을 실감했다.

자기 객관화가 잘되는 사람일수록 오히려 자신의 삶을 대단하지 않다고 여기는 경우가 많다. 좋은 학벌, 직위, 경제적 자산과 같이 대부분의 사람이 부러워하는 것을 지녔음에도 말이다. 그들은 좋은 환경적 요건 덕분에 이따금 자신이 갖춘 능력 이상으로 대우를 받는다는 것을 잘 알고 있다. 하지만 그로 인해 갖는 그들만의 불안함도 있다. 고학력, 고스펙을 비롯한 특정 엘리트 집단에 속해 있는 사람이라면 뭐든 잘할 거라는 기대감이 대표적이다. 그들은 잘해야 한다는 압박감 때문에 새로운 것에 도전하는 것을 꺼린다. 괜히 도전했다가 실패했을 때의 상황 자체를 두려워하기 때문이다.

그렇다면 우리는 왜 실패를 두려워할까? 다른 사람의 눈치를 보기 때문이다. 즉 눈치를 덜 보는 것만으로도 새로운 것들에 도전하기가 훨씬 수월해진다. 남들과 달리 다양한 영역에 도전하는 내 모습을 보고는 "어떻게 불안감을 떨칠 수 있었냐"라는 질문을 가끔 받는다. 그렇지만 이는 단단히 잘못 짚은 것이다. 여전히 나는 걱정 속에서 골머리를 앓고 불안함으로 머뭇거리기도 한다. 과거와 달라진 점이 있다면 머뭇거림의 주기가 짧아졌을 뿐이다. 어쨌든 다음으로 넘어가는 것이 중요하다는 생각에 일단 행동하기로 마음을 바꿨다.

우선 완벽한 준비나 남들이 생각해 내지 못한 기발한 아이디어가 나올 거라는 기대부터 접었다. 내가 지닌 결점과 세상에는 나보다 훨씬 똑똑한 사람이 넘쳐난다는 것을 인정하니 뭐라도 시도해 볼 용기가 생겼다. 그리고 그런 사소한 움직임에서 내 삶이 바뀌기 시작했다.

성장주의자의 최대 위험 요인은 '변화 없음'이다. 성공과 실패를 예측하느라 시간을 허비할 필요 없다. 우리가 당장 이끌어낼 수 있는 건 변화뿐이다. 그것이 성공일지 실패일지는 당장 알지 못하지만 행여 실패할지라도 그다음 도전을 통해 또다시 바꾸면 된다. 용기가 있어야 시작할 수 있는 게 아니라 실행을 해야 용기가 생기는 것이다. 다시 한번 자신에게 질문해 보자. 나는 정말 단번에 큰 변화를 일으킬 수 있으리라는 확신이 있기 때문에 현상을 유지하며 기다리는 것인가, 아니면 아주 작은 실패마저 두려운 나머지 그래도 괜찮다고 최면을 걸고 있는 것인가?

실천하는 것만으로 우리는 우위에 설 수 있다. 망설이는 사람들이 다수라면 움직이는 우리가 특수를 얻는 것이다. 가능성을 의심하지 말자. 좀처럼 마음이 안 따라준다면 쓸모없는 일이라도 일단 하자. 굳이 안 해도 되는, 효율 중심 사회에서는 쓸모없다고 느끼기 쉬운 사소한 일이 오히려 누군가는 얻지 못하는 기회가 될 수 있다. 여러 선택지 중에서 무엇을 할지 고

언더독 마인드

민이라면 가장 결과가 예측되지 않는 일에 뛰어들자. 누구나 좋은 결과를 예측할 수 있는 영역에서 우위를 차지하기란 어렵다. 독창성이나 기발함이 타고나는 것만은 아니다. 요즘처럼 불안이 넘치는 사회일수록 결과가 불확실한 일에 도전하는 사람 자체가 적다. 그만큼 아주 작은 도전만으로도 특별함을 갖출 수 있다. 돌아보면 내 삶에 전환점을 가져다준 사건 중 '쓸모 있어 보여서 시작한 일'은 없었다. 재미 삼아 시작했던 페이스북 여행 콘텐츠 덕분에 스물세 살에 정규직 피디로 입사할 수 있었고 10년을 바라다 포기했던 아나운서 시험에 다시 도전할 용기를 얻게 해준 것도 두 달 반짝인기를 끌다 식어버린 클럽하우스라는 SNS였다. 과연 나는 그것들이 내 삶을 바꿔줄 거라는 확신이 있어서 시작했던 걸까? 성장은 의무가 아니다. 당신이 변하지 않는다고 나무랄 사람은 없다. 대신 아주 사소한 것도 바꾸려고 하지 않으면서 더 나은 삶을 바라지는 말았으면 좋겠다. 그것은 지금도 어디선가 두려움을 딛고 도전하는 사람의 노력을 무시하는 것과 다름없기 때문이다.

1장 언더독 마인드 전략

그냥의 재발견

효율이 중시되는 사회를 살아가다 보니 '알짜'의 중요성을 격하게 느끼곤 한다. 유익한 공부 거리부터 재미를 위한 콘텐츠, 사람들과의 연락까지. 당장 하루 24시간을 채우는 데에도 우리는 수많은 선택지 속에서 고민에 빠진다. 한정된 시간 안에 최대한 많은 것을 얻기 위해 사람들은 자연스럽게 핵심이 될 만한 것만 취하기 시작했다.

한 시간짜리 드라마를 10분으로 요약해 주는 유튜브 영상들, 책 한 권의 핵심 내용을 추려 이동하며 들을 수 있게 편집된 오디오북, 헤드라인만 정리해 주는 뉴스 콘텐츠까지 모든 것이 줄여지고 있다. 하다못해 밥을 먹으러 갈 때에도 지도를 펼치고 근처 식당 목록을 일일이 찾아보는 사람은 없다. 마치 정해진 규칙처럼 모두가 '맛집', '힙플'이란 키워드로 검색을 한다. 남들이 맛있다면 맛있는 집이다. SNS에 카페나 지역명을 검색하면 사람만 달라질 뿐 똑같은 배경에 똑같은 구도로 찍어 올리는 사진들이 넘쳐난다.

우리는 마치 랜드마크만 훑고 넘어가는 패키지여행 같은 나날을 보내고 있다. 사소한 것 하나하나 챙길 여력도 그럴 필요도 없다. 그러나 적어도 나 자신을 알아갈 때만큼은 편집하고 요약하는 것이 아니라 그 어떤 사소함도 놓쳐서는 안 된다. 거창하게 나를 채워야 한다는 강박으로는 결코 '나답고 싶은' 허기를 채우지 못한다. 이렇게 모두가 겉핥기식으로 바쁜 삶을 살아갈 때일수록 천천히 나를 마주하는 시간이 필요하다. 즉 내가 무엇을 좋아하고 싫어하는지 정확히 알아야 한다는 뜻이다.

호불호는 세상에 대한 우리의 가장 기본적인 반응이다. 그러나 좋고 나쁨을 판단하는 게 결코 쉬운 일만은 아니다. 주변을 둘러보면 딱히 호불호라는 게 없는 사람들이 제법 많다. 나 역시 그런 사람 중 하나였다. 딱히 남을 위해 내 욕구를 참는 건 아니었다. 정말 아무래도 상관이 없기에 무언가를 선택할 때 다른 사람에게 주도권을 넘겼고, 다른 사람을 만족시키는 편이 내 선택으로 자기만족을 높이는 것보다 좋았기 때문

　　　　　　　　　　　　1장 언더독 마인드 전략

이다. 거기에 '양보할 줄 아는 착한 사람이 된 것 같은 기분' 은 덤이었다.

이처럼 유연한 태도는 융통성으로 좋게 해석할 수 있지만, 자칫 주체적이지 못한 우유부단함으로 비칠 수 있음을 경계 해야 한다. 타인을 배려하는 태도는 대체로 미덕으로 여겨지 지만, 양보하는 이의 주관이 있는 상태에서 의도적으로 발현 되어야만 그 진정성이 빛을 발하기 때문이다.

내가 처음으로 '나의 호불호'에 대해 제대로 궁리를 해본 건 스물두 살 무렵 청와대 외곽 경비대에서 의무경찰로 복무 할 때였다. 두 시간 동안 꼼짝없이 서서 사위를 경계하고 특 이 사항이 발생하면 무전을 하는 것이 나의 임무였다. 2017년 까지는 저녁 8시가 되면 경복궁을 포함한 청와대 앞길의 통 행이 전면 통제되었다. 아무도 지나다니지 않는 길을 우리 는 24시간 내내 가만히 선 채로 지켰다. 맡은 바에 최선을 다 해야 함이 마땅하나 두 시간 동안 동상처럼 서 있는 것이 결 코 쉽지만은 않았다. CCTV가 돌아가고 있었기에 조금이라 도 딴짓을 하면 곧장 시정조치가 떨어졌다. 부대원들은 지루 함을 달래기 위해 근무에 투입할 때마다 상상 게임을 펼쳤다. 경비를 서는 동안 정해진 주제를 각자 고민한 뒤 철수하는 길에 생각을 나누는 일종의 '토크쇼'였다. 사실 이상형 월드컵 같은 철없는 주제가 태반이기는 했지만, 그때 선정했던 뚱딴지같은 주제들이 지나고 보니 큰 도움이 되기도 했다. 일상에서는 굳이 상상할 필요를 못 느꼈던 것들에 대해 물음표를 던지는 훈련을 한 것이었다.

좋고 싫음을 따져보는 과정에서 우리는 도저히 그 이유를 모르겠는 경우를 만나기도 한다. '그냥…' 하고는 딱히 생각이 떠오르지 않는 요소들이 있을 거다. 그냥 좋거나 그냥 싫거나 혹은 아무런 생각 없이 떠오른 아이디어들이 있다. 충분히 숙고해 봤음에도 답을 모르겠다면 일단 그대로 놓아두자.

때때로 '그냥'이라는 단어는 회피를 의미하는 게 아닌 가장 확실한 단어일 수 있다. 이유가 없는 것이 아니라 이유가 필요 없을 정도로 내 무의식이 따르고 있다는 일종의 시그널이다. 어떠한 이유로도 도무지 설명되지 않는 기호가 있다면 그 불명확함이야말로 확실한 본능의 선택인 것이다. 당신이 '그냥' 끌려서 한 것들을 모아 공통점을 찾아보자. 그 속에 숨어 있는 내면의 욕구를 가늠해 보는 것이다.

1) 시기

그것을 언제 가장 최근에 해보았는가?

그것을 처음 경험한 게 언제인가?

그것을 마주하는 빈도는 어떤가?

2) 경험의 계기와 주변 환경

그것을 경험할 때 주로 어떤 사람들과 함께 있는가?

그것을 경험하기 전 내 기분은 주로 어떠한가?

그것을 경험한 후 내 기분은 주로 어떠한가?

그것은 에너지가 많이 소비되는 경험인가, 그렇지 않은가?

그것은 자발적으로 경험한 것인가, 누군가의 권유가 있었는가?

3) 일관성

그것을 평생 반복해도 괜찮은 경험인가?

그것을 대체할 경험에는 어떤 것이 있는가?

그것을 더는 할 수 없을 때 나의 기분은 어떤가?

그것이 부정적으로 느껴진 적도 있는가? 왜 그랬던 것 같은가?

4) 독자성

그것을 타인에게 공유하고 싶은가, 아닌가? 그렇다면 그 이유는 무

언더독 마인드

엇인가?

대부분의 사람도 그것을 좋아하는가?

다른 사람은 왜 그것을 좋아하거나 또는 싫어하는가?

다른 사람보다 내가 그것을 더 좋아하거나 또는 싫어하는 이유가

있는가?

이 외에도 꼬리에 꼬리를 무는 질문을 계속해 보자. 타인
과 구분되는 자신의 감상을 따져볼 수 있다면, 그 어떤 질문
이라도 상관없다. 그 주제와 관련된 대화 시간을 길게 이어갈
수록 자신에 대한 깊이 있는 탐구가 가능해진다. 거듭 강조하
자면, 중요한 것은 질문을 통해 발견한 답이 아닌 과정 그 자
체라는 점을 잊지 말아야 한다.

같은 맥락에서 본인이 원하는 나다운 삶의 방향성을 유추
하는 좋은 방법이 있다. 어떤 삶이 나에게 가장 이상적일지
도무지 상상할 수 없다면, 막연히 당신이 멋지다고 생각했던
사람들을 나열해 보라. 영화배우, 연예인, 정치인, 특정한 직
업 종사자, 이상형, 좋아하는 친구, 존경하는 지인 등 그 어떤
유형이라도 좋다. 그러고 난 뒤 그들이 멋지다고 생각하는 이
유를 도출한 뒤 공통점을 조합해 보는 것이다. 그들 모두를

하나로 꿰뚫는 공통분모는 없더라도 그것을 궁리해 보는 과정에서 어떠한 '삶의 결'이 느껴질 것이다. 그 결이 곧 당신이 추구하는 삶의 방향인 셈이다.

우리가 무언가를 좋아한다는 건 그것이 나의 '이상'을 포함하고 있기 때문이다. 그렇기에 특별한 계기나 이유가 없더라도 본능적으로 끌리는 것이다. 인생 목표와 행동 지침이 좀처럼 구체화되지 않는다면, 자신이 좋아하거나 멋지다고 생각하는 대상 자체를 목표로 삼아라. 그 시작이 꼭 누군가를 모방하는 것 같아 불쾌감이 따를지라도, 우리는 각자가 타고난 기질과 마주하는 환경이 다르기 때문에 자연스럽게 나만의 방향성이 그려질 것이다.

가장 많은 세계인이 공감하는 나이키 슬로건 "JUST DO IT(그냥 해라)"이 결국 이러한 과정을 내포하고 있다고 생각한다. 시작이 초라하다고 지레 겁먹지 말자. 우리는 남들이 쉽게 지나치는 '그냥'에서 의미를 찾아냄으로써 오히려 나다움을 만들어낼 기회를 얻을 수 있다.

언더독 마인드

의기소침한 만능 재주꾼

일은 우리의 생활을 개선하기 위해 가장 중요한 영역 중 하나다. 이때 나다움은 직업적 능률과 만족을 최대로 끌어올리기 위한 촉매제로 작용한다. 단도직입적으로 말하자면 자신을 잘 아는 것만으로 돈이 되지 않는다. 나다움을 사회적, 경제적 능력 측면에서 바라보자면 타고난 재능을 발견한다기보다는 길러내는 과정에 더 가깝다. 마치 농사를 지을 때 토지별로 잘 자라는 작물이 다르듯, 내가 잘하는 일을 찾기 위해 우선 이것저것 심어보는 시행착오가 필요하다. 좋아하는 음식만 하더라도 살아가는 동안 이것저것 먹어봤기 때문에 우열을 가릴 수 있는 것인데 하물며 직업은 어떻겠는가. 단순히 이론적으로 유추하고 상상하는 것만으로는 자신의 적성을 제대로 찾기는 어렵다. 그래서 나는 일단 마음이 가는 모든 것을 조금씩 해보고자 노력했다.

그 덕분에 나는 남들보다는 조금 일찍 발견한 능력들에 따른 혜택을 누렸다. 누군가에게는 '여행에미치다' 피디로, 다른 누군가에게는 유튜버로, 또는 '클럽하우스' 고민 상담사로, 영상 편집 강사로, AI를 흉내 내는 라디오 진행자로 일찍이 '부캐' 전성시대를 몸소 겪어왔다. 나의 장점을 하나로 단정 짓지 않고 다양한 역할을 병행하며 일찍이 돈도 벌 수 있었다. 지금은 정영한 아나운서라는 대표적인 타이틀로 주로 활동하지만, 2020년부터 2021년, 불과 2년 사이 평범한 대학생 신분이었던 나를 지칭하는 호칭만 해도 다섯 가지가 넘었다. 현재까지도 새로운 사람들을 만나 이야기를 나눌 때면 "어머, 그게 영한님이었어요?"와 같은 소리를 적잖게 듣는다. 이제 와 돌아보니 이 모든 게 합쳐져 지금의 나를 완성시킨 것이다. 그렇다고 고충이 없었던 건 아니다.

한창 진로 고민에 휩싸였던 스물다섯의 나이, 당시 또래 대학생들 사이에 비치는 내 모습은 일찍이 돈을 벌면서 하고 싶어 하는 일들을 이것저것 척척 해나가는 주체적인 사람의 이미지였다. 그러나 정작 나 스스로는 누구보다 혼란스럽고 불안한 시기를 보내고 있었다. 사실 내 입장에서는 뭐 하나

언더독 마인드

확신을 가질 만큼 두각을 나타내지 못했기 때문에 이것저것 할 수밖에 없었을 뿐이었다.

취업을 준비할 때도 이제 와서는 여러 분야의 과업을 홀로 다룰 수 있는 제너럴리스트가 필요하다고 하지만, 주위를 둘러보면 정작 사회가 요구하는 몇 가지 능력들만 각광받는 듯 보였다. 고시 공부를 비롯한 각종 전문직 자격증이라든가 대기업 입사를 위해 스펙을 쌓는 경쟁은 오히려 날이 갈수록 치열해지고 있었다. 뉴스에서 떠들어대는 이야기와 취업 시장의 현실은 확연히 달랐다.

일찍이 경험한 사회생활을 비롯해 기획부터 영상 촬영, 편집, 그래픽 디자인까지 어깨너머로 배워 요긴하게 쓸 만한 잔재주가 많았지만 취업 준비를 하는 과정에서 주력으로 내세울 게 딱히 없었다. 그도 그럴 것이 좋은 근무 여건을 갖춘 대부분의 대기업은 조직 분담이 매우 체계적으로 이루어져 있다. 한 사람이 여러 가지 역할을 겸할 필요 없이, 각자가 제일 잘하는 것 하나만 전문적으로 소화하면 그만이다. "저는 이런 것까지 할 수 있습니다!"라며 피력해 봐야 돌아올 법한 대답은 "굳이?"였다. 새로운 인재상을 추구한다고는 하지만 결국 그들이 뽑는 인재는 이미 정해져 있는 듯한 느낌을 받았다.

1장 언더독 마인드 전략

이러한 까닭으로 취업 시장에는 나같이 의기소침한 만능 재주꾼이 많았다. 그들은 주변의 기대와 반대되는 냉랭한 평가 기준에 부딪혀 상대적 박탈감에 시달리고 있었다.

　나에게 '중요한 것'과 그들이 '필요로 하는 것'은 확실히 달랐다. 하루하루가 조급한 취준생의 입장에서 "사회가 요구하는 바는 달라지고 있으니 때를 기다리라"는 말은 희망 고문이나 다름없었다. 그 무렵 답답한 심정을 담아 유튜브에 영상한 편을 찍어 올렸다.
　'스물다섯, 인생이 망한 것 같아요'라는 제목의 영상이었다. 앞서 말한대로 열심히 이것저것 도전하고 경험을 쌓으며 살았지만 부질없음에 한탄하며 "삶이 김밥천국 같다"는 표현을 썼는데 많은 이들로부터 공감을 얻었다. 다양한 메뉴를 고루 즐길 수 있지만, 특정한 메뉴에 전문성을 갖췄다고 보기 어려운 '김밥천국'처럼 내 삶 또한 멀리서 보기에 그럴싸할 뿐, 특별하지 않다는 의미였다. 나처럼 치열하게 여러 경험을 쌓고도 무기력감에 빠진 청년들이 댓글로 많이 공감해 주었다. 그들은 예전처럼 외길만 파기에는 점점 좁아지는 기회의 문턱 한편으로, 생계에 대한 압박은 거세지기만 하는 현실에서 살아남기 위해 무엇이든 닥치는 대로 해볼 수밖에 없었던 것이었다. 이런저런 능력을 만들어놓았지만, 세상은 여전히 자신을 단번에 설명해 줄 "○○대학, ○○그룹 사원, 전문직 ○○사"를 요구하는 듯했다.

그런데 푸념들 사이에서 생각을 뒤바꿔줄 댓글이 하나둘 나타났다. 자신을 계속 계발해 나가다 보면 그중에서도 "더 자신 있는 메뉴들이 추려질 거라는 것", "전문점 부럽지 않은 매력으로 전국 체인을 갖추게 된 데는 이유가 있을 거라는 점", "메뉴의 다양성 자체가 김밥천국의 전문성이라는 점" 등등. 같은 상황을 놓고도 전혀 다른 해석을 내놓은 것이다. 그중에서도 "전문성이 모호한 게 아니라, 다양성 자체가 내가 가진 전문성이다"라는 한 줄이 크게 와 닿았다. 기껏 여러 가지 재주를 발전시켜 왔으면서 굳이 한 가지로 압축해 설명하다 보니 허탈할 수밖에 없었던 것이다. 왜 기업들에서 제너럴리스트를 필요로 하지 않냐고 푸념하기보다는 다양한 능력을 요하는 새로운 영역을 직접 찾아 나서기로 마음을 고쳐 먹었다. 마냥 기다릴 수 없는 노릇이라면, 주체적으로 나서서 설득하는 편이 훨씬 덜 억울하겠다는 생각이 들었다.

인정할 것은 인정하고 내가 놓인 상황을 다시 해석하기로 했다. 푸념하거나 구구절절 해명하기보다는 결과로써 능력을 증명하는 게 중요할 것 같았다. 여러 가지 잔재주를 가진 사람은 앞서 말한 대로 분업 시스템으로 돌아가는 대기업 입사보다는 개인 사업을 하는 데 유리한 점이 많다. 그래서 개인 사업에 뛰어들어 보기로 했다. '유스미디어'라는 이름으로 사업자를 등록했다. 기획부터 촬영 편집, 내레이션 대본 작성, 녹음, 홍보, 강의까지 아우르는 종합미디어 업체였다. 더불어 다재다능한 사람이 상대적으로 전문성은 떨어질 거라는 색안경을 받아들이기로 했다. 그럼 다재다능한 개인처럼 안 보이면 되는 것 아닌가?

6평짜리 원룸에서 운영하는 사업장에 직원은 나 하나였지만, 개인이 아닌 회사로 보이기 위한 위한 방법을 고민했다. 일부러 메일을 주고받을 때 여러 공식계정을 참조로 넣었다. 또 제공하는 서비스 레퍼런스를 각각 독립된 페이지를 통해 홍보함으로써 밖에서 봤을 때는 적어도 직원을 다섯 명 이상은 거느릴 법한 회사처럼 보이게끔 운영했다. 회사를 소개하는 데 거짓된 정보는 단 하나도 없었다. 콘텐츠 제작업의 특성상 규모가 큰 일은 필요에 따라 보조 인력을 고용했기 때문에 딱히 회사 규모를 의심하거나 문제를 삼았던 클라이언트는 없었다.

언더독 마인드

회사의 형태를 갖추고 나니 확실히 단가부터 달라졌다. 큰 건을 하나 해내면 그것이 또 다른 경력이 되어 일거리들이 알아서 따라왔고 공공기관부터 사기업 프로젝트의 입찰까지도 따낼 수 있었다. 일이 없을 때는 여전히 대학생 공모전에 영상을 출품해 상금으로 입에 풀칠하고 살았지만, 어쨌든 공공기관과 비즈니스 미팅을 하는 대표이기도 했다. 그리 큰돈을 벌지는 못했지만 주눅 들어가던 취준생 때에 비하면, 다재다능함을 저평가받는 환경을 스스로 타개한 기분이었다. 세상이 나를 인정해 주지 않는다면 그들이 원하는 이미지로 보이게끔 하여 성과를 내면 되는 것이다.

일단 성과를 내기 시작하면 자신에 대한 설명이 쉬워진다. 구구절절 소개해야 했던 나의 콘텐츠 제작 능력은 사업, 실행력, 기획력을 보여준 사례 몇 가지를 던지는 것으로 충분해졌다. '저는 이것도 잘하고요, 저것도 잘한답니다'는 식으로 강점을 늘어놓기보다는 다른 사람들이 나의 능력을 필요로 했던 사례를 설명하는 것이 내 능력을 평가하는 데 훨씬 직관적이다.

물론 일부 대기업 채용 담당자들에게는 이 역시 별거 아니라 여겨질 수 있지만, 의아함은 그들의 몫이다. 적어도 스

스로는 확신에 찬 기세로 경쟁에 임할 수 있게 되지 않겠는
가. 그리고 나는 그 기세야말로 흔한 스펙을 뒤집을 기회이
자, 누군가에게 선택을 받는 데 결정적인 영향을 미치는 요소
라고 확신한다.

의아한 곳에서 전문성을 인정받는 법

앞서 이야기했듯 나는 모호한 다재다능 때문에 취업을 준비하는 데 오히려 난항을 겪었다. 그러나 약간의 발상의 전환만 이끌어낸다면 약점으로 치부되던 다재다능을 확실한 강점으로 뒤바꿀 수 있다.

전문적인 진행 능력이 요구되는 만큼 아나운서 시험은 실기 중심으로 평가가 이루어진다. 그러나 입사에 지원했을 당시 나는 방송 경력은커녕 아나운서 아카데미조차 다닌 적이 없었다. 누가 봐도 방송 진행에 대한 전문성이 부족한 상태였다. 그렇다면 면접관들은 1천 600명의 지원자 사이에서 뭘 보고 나를 선택한 것일까? 역설적이게도 나는 부족했던 전문성을 증명하기보다는 나의 다재다능함에서 승부수를 찾았다.

10년 넘게 아나운서라는 꿈을 품어왔지만, 현실은 녹록치 않았다. 대학 시절, 교수님과의 면담 자리에서 아나운서가 되고 싶다는 내 말에 "부모님은 뭐 하시니?", "방송국에 아는 사람 있니?"와 같은 대답이 돌아오는가 하면, 방학 기간 알아본 아나운서 아카데미의 수강료는 대학 등록금 수준이었다. 성적 장학금을 받아야만 겨우 대학교를 다닐 수 있었으며, 식비를 줄이기 위해 점심과 저녁을 한 끼에 몰아 먹던 그 시절의 나에게는 그저 '내 길이 아니구나' 싶은 생각만 쌓여갔다. 교수님, 취업 상담가, 친구들까지 모두가 "길을 넓게 생각해 봐라"는 조언만 건넸다. 물론 그들 모두 나를 진심으로 걱정해 주었기 때문이라고 생각한다. 나도 어느 정도는 공감을 했고, 세상에는 충분히 재밌어 보이는 다른 일도 많았다. 그렇게 나는 수요가 넘치는 콘텐츠 제작 시장으로 진로를 틀어 새로운 삶을 살았다.

스물셋, 비교적 이른 나이에 정규직 피디로 일자리를 구했고 내 일을 사랑하며 3년 정도 커리어를 쌓고 있었다. 당시 나는 여행지를 홍보하는 콘텐츠를 만드는 일을 하고 있었다. 매번 새로운 곳을 찾아다니며 사람들에게 정보를 주는 일은 재미는 물론 뿌듯하기까지 했다. 그러나 갑작스럽게 창궐한 코로나19와 몇몇의 사건을 겪게 되면서 나는 다니던 회사를 나오게 되었고 전직까지 고민하게 되었다. 사실 그 과정에서 가장 구미가 당겼던 것은 '여행 유튜버'였다.

'여행에 미치다'에서 일하면서 다양한 크리에이터를 눈앞에서 지켜봤고, 언젠가는 내가 주인공이 되어 여행 이야기를 전하고 싶다고 생각해 왔다. 그리고 그 꿈을 이루기 위해 직장 생활을 하는 내내 악착같이 모아서 1년 정도 세계 일주를 할 수 있는 자금을 마련했다. 그런데 난데없는 코로나19 때문에 출국마저 어려워지고 말았다. 어쩔 수 없이 우선 학업을 마무리 지으며 취업 준비를 병행하기로 했다.

그렇게 취업 전선에 뛰어들어 매일같이 어떻게 먹고살지를 고민하던 와중, 우연히 '클럽하우스'라는 SNS에 재미 삼아 고민 상담방을 운영하게 되었다. 그런데 예상외로 주목을 받으며 5천 명 이상이 상담방에 들어와 실시간으로 내 이야기를 청취하기 시작했다. 지금의 이 SNS의 존재조차 모르는 사람이 많지만 당시 반짝했던 플랫폼의 인기 덕에 연예인부터 다양한 직종에서 활약하는 사람들, 방송국 종사자들까지 마주할 기회를 얻게 되었다.

당시 클럽하우스의 국내 유저 수가 10만 명 안팎이었는데 활동 2주 만에 3만 명이 넘는 사람들이 나를 팔로우했고 나름 그 바닥에서 상징적인 존재가 되어버렸다. 당시에도 나는 생계를 위해 학업과 영상 제작 일을 병행하고 있었는데, 새롭게 의뢰받는 일을 마다하면서까지 클럽하우스에서 하루 열 시간 넘게 다른 사람들의 고민을 듣고 있었다. 그리고 그때 느꼈다. '아, 나는 결국 사람들 앞에서 말을 해야 하는 사람이구나.' 어린 시절 자기계발서를 읽으며 가슴속에서 느꼈던 끓어오름, 친구들의 무료 급식 신청서를 걷으며 용기를 주는 사람이 되겠다던 열의를 되찾게 된 것이다.

그렇게 나는 다시 아나운서라는 목표에 도전해 보기로 결심했다. 클럽하우스를 통해 알게 된 전·현직 아나운서 선배들에게서 "너 같은 애가 이 일을 해야 한다고 생각한다"라는 응원까지 들을 수 있었다. 살아생전 처음이었다. 돌이켜보니 그동안 나의 도전을 만류했던 모든 이들은 아나운서는커녕 방송국 근처에도 안 가본 사람들이었다. 그런데 이런저런 부정적인 말에 휘둘려 도전조차 못했다니! 그렇게 세계 일주를 위해 모은 돈을 가지고 5년짜리 아나운서 도전 플랜을 세웠다.

호기롭게 새로운 목표를 세웠지만 이미 노련한 경쟁자들이 수두룩했다. 아나운서라는 직군이 채용 자체가 매년 이루어지지 않을뿐더러 기껏해야 한두 명씩 선발하다 보니 처음부터 큰 기대를 갖기는 어려웠다.

그래도 모처럼 삶에 간절함을 되찾은 만큼 딱 5년만 도전해 보고, 안 되면 무일푼으로 세계 일주를 떠나 실패담이라도 팔아보겠다는 심정으로 기본기부터 쌓아나갔다. 운 좋게 시험을 준비하자마자 지상파 공채가 열렸다. 무려 3년 만에 치러진 모집 공고였다. 아직 졸업도 못 했고, 아카데미를 다닐 여력도 없었기에 '무대뽀'로 일단 응시했다. 기대 이상으로 카메라 테스트, 필기 전형을 뚫고 방송 3사 중 두 곳의 면접까지 올라갔지만, 아나운서 준비생으로서 내가 어필할 요소가 턱없이 부족했다. 당시 MBC 3차 전형만 하더라도 열다섯 명 정도가 남아 있었는데 그중 열 명 가까이가 이미 현업에서 활동 중인 아나운서들이었다. 반면 내가 가진 경력이라고는 전부 영상과 관련된 것들뿐이었다.

앞선 KBS 면접 때, 내가 쌓아온 뉴미디어 제작 경험을 감추고는 '기성적'인 아나운서로서 부족함이 없는 척하며 열심히 피력해 봤지만, 씨알도 먹히지 않음을 경험한 터라 새로운 수가 필요했다. 면접에서 받은 긍정적인 피드백은 결코 좋은 신호가 아니라는 교훈을 얻었던 터. 차라리 모든 과제를 수행하는 데 있어 어떻게든 의아함을 자아내는 방향으로 전략을 수정했다.

전문 진행자가 필요한 자리에서 느닷없이 카메라와 영상 편집 능력을 일일이 내세우는 것은 의미가 없어 보였다. 그래서 나는 모든 내 잔재주를 '콘텐츠 기획과 운영 사례'로 피력했다. 어떤 능력을 얼마나 갖추고 있는지를 늘어놓을 필요가 없기 때문이다. 실효성은 성과가 보여줄 것이고 판단은 평가자들의 몫이다. 굳이 다른 지원자들과 나를 비교할 필요 없었다. 내가 어떤 강점을 특별히 지니고 있고, 그것이 여기에 왜 필요한지를 피력하면 충분하다고 생각했다. 그리고 나는 당당히 MBC 아나운서에 합격했다. 나에게만 집중해 나의 필요성을 설득한 전략이 방송 경력과 아카데미 훈련 없이도 1천 600명의 지원자 사이에서 선택받을 수 있었던 비결이지 않았을까 한다.

그렇게 입사 이후 아나운서국 유튜브 채널 운영을 비롯해 TV와 라디오 외에 다양한 플랫폼에서 활동하면서 통상적으로 여겨지던 신입 아나운서의 행보와는 다른 새로운 도전들을 할 수 있었다. 이는 물론 변화하는 시대 흐름과 회사와 선배들의 지원이 뒷받침되었기에 가능한 일들이었지만, 그러한 흐름을 이끄는 것도 나에게 달려 있다고 생각한다. 나는 큰 자부심을 갖고 일하고 있다. 하나의 영역에서 두각을 나타내는 것이 아닌 다재다능한 역량 또한 내 커리어에 필요한 무기가 될 수 있다고 믿기 때문이다.

　취업을 비롯해 누군가에게 선택을 받는 건 세일즈와 비슷하다고 생각한다. 이 세상에 더 좋은 물건을 더 싸게 파는 경쟁자들은 너무나 많다. 그렇기 때문에 나는 방문판매 전략을 취하는 편이다. 직접 찾아가 그들이 원하는 제품을 제공하고 더 나아가 사고 싶다는 마음이 들게끔 이 제품의 필요성을 설득하는 것이다. 예를 들어, 내가 만약 피디나 방송 촬영 부문에 입사 지원을 했다면 내 콘텐츠 활동 경험은 오히려 다른 지원자들에 비해 이도 저도 아닌 것으로 비쳤을 수 있다. '어떻게 콘텐츠 제작 능력을 가지고 아나운서 시험을 합격했지?'가 아니라 '아나운서 시험이었기 때문에' 그 능력이 어필할 거리가 된 셈이다. 다른 경쟁자들이 좀처럼 선보이지 않는 능력이 나에게 있었으며, 그 필요성이 제법 타당했기 때문에 조금이라더 더 돋보일 수 있었다고 생각한다.
　여기서 오해하지 말아야 하는 건 이것은 부가 전략이라는 점이다. 본질적으로 김밥천국의 모든 메뉴의 맛도 기본 이상은 한다. 남들도 다 가진 능력들로만 승부하기에는 경쟁에 어려움이 있으니, 어느 정도 기본을 갖추고 나서는 자신이 지닌 특별한 능력을 직접 피력해 보라는 말이다.

제너럴리스트로 성공하고 싶다면 우선 의기소침함에서 벗어나자. 우리가 쌓아온 다양한 재주는 각기 빛을 발할 기회를 갖고 있다. 몇 가지 성과를 중심으로 여러 능력치를 한데 묶어 범주화한 다음 도움이 될 법한 영역을 찾아보라. 당신을 전문가로 여겨줄 만한 환경이 분명히 있을 것이다. 그리고 그 환경에서 요구하는 것들을 기본만 해라. 제너럴리스트는 특정 분야의 1등이 될 필요가 없다. 일단 면접장까지만 올라가면 당신은 더 이상 경쟁을 하지 않아도 된다. 오직 당신만을 위한 무대가 펼쳐질 것이다.

전문가의 기준 역시 상대적이다. 남들이 의아해할 만한 요소로 우위를 점하자. 의기소침한 만능 재주꾼들이여, 기를 펴길 바란다. 우리가 분투한 만큼 세상은 우리에게 보상해 줄 준비가 되어 있다고 믿는다. 다만 그 기회를 아직 찾지 못해 헤매고 있을 뿐이다.

나를 증명하는 플레이어 마인드

흔히 경쟁력을 갖기 위한 목적으로 자신만의 강점을 개발하고 어필하려는 경우가 많다. 입시나 취업과 같이 특정한 집단에 속하기 위한 시험이 대표적이다. 그러나 하나의 관문을 넘어서면 세상은 기다렸다는 듯이 새로운 숙제를 내준다. 어쩌면 우리는 한평생 나를 증명하기 위해 살아가는지도 모르겠다. 만약 눈에 띌 정도로 성장하고 싶은 욕구를 충족하고 싶다면, 하던 일을 더 열심히 하는 것만으로는 부족하다. 자신의 새로운 강점을 발굴하기 위해 부딪히고 인정받는 과정을 반복하는 수밖에 없다. 결국 불편하고 낯선 환경을 직면하고 돌파해 나만의 답을 찾아야 한다.

"의아함은 그들의 몫, 나는 나다운 걸 하자!" 아나운서 면접을 준비하며 책상 앞에 써 붙인 포부대로, 나는 남들의 의아스러움을 물리치고 초단기간에 지상파 아나운서가 되었다. 한 달 정도 단체 교육을 받고 드디어 아나운서국에 배치되었다. 9층에 내려 아나운서국 현판이 달려 있는 복도에 들어서니 괜히 숨이 찼다. 이 순간을 수도 없이 마음속에 그려왔지만 막상 마주하니 가슴이 너무 벅찼다. 내가 들어가게 될 거라고는 쉽게 생각지 못했던 곳이었다. 제법 넓은 공간에는 마흔 개 정도 되는 책상이 줄지어 있었다. 평범해 보였지만 사무실에는 유난히 심한 정적이 맴돌았다. 신입생 환영식과 같은 왁자지껄한 분위기를 상상했지만, 예상과는 다른 분위기에 적잖게 당황했다. 썰렁함을 뒤로한 채 사무실 안쪽에 있는 국장실에 들어가 인사를 올렸다.

"잘 부탁드립니다! 열심히 배우겠습니다!" 군기가 잔뜩 들어간 어색한 말투로 포부를 밝히자 국장님이 의아하다는 듯 말을 건넸다.

"뭘 배우나?"

당황해 어쩔 줄 모르고 있는데 국장님이 한 번 더 물었다.

"뭘 배워?"

진심으로 궁금해하는 표정. 겁을 주기 위함이거나 다른 의중이 있는 것 같지 않았다. 잔뜩 당황해 버린 내 입이 머뭇거리는 사이 국장님이 말을 이었다.

"무언가를 배우려 하지 마. 여기 온 순간 자네는 이미 플레이어야."

발령 첫날의 환영사로 받아들이기에는 다소 쌀쌀맞게 느껴질 법한 충고였지만, 단번에 와닿았다. 신입 혹은 막내라며 어리광을 부려봤자 그것은 나만의 사정이었다. 정보를 얻고자 방송을 소비하는 시청자들이 일개 진행자의 부족함까지 이해하게 만들어서는 안 될 일이었다. 어찌 되었든 방송에는 나 홀로 투입되며 플레이어인 내가 방송을 책임져야 하는 것이다. 그렇기에 열심히 하는 것보다 잘하는 게 중요했다.

막중하게 느껴졌던 입사 후 책임감, 그러나 결코 나쁜 기분은 아니었다. 취업 준비 시절, 나는 사회로부터 인정을 받고 싶어 안달이 나 있었다. 나의 쓸모를 보여주는 기회는 언제나 두렵기 마련이지만, 돌이켜 생각해 보면 그것이야말로 늘 나를 살게 하는 동력이었다. 그저 잘하고 싶다는 생각으로 머릿속이 가득 찼다. 우리가 무언가를 간절히 원하는 순간 이면에는 언제나 결핍이 동반한다. 부족하기 때문에 무언가를 간절히 열망하는 것인지도 모르겠다. 그토록 오랜 세월 꿈꿔온 방송을 목전에 두자 그 전처럼 인정받고 싶은 욕망이 다시

1장 언더독 마인드 전략

금 차올랐다.

국장님이 나에게 한 가지 부탁이 있다며 말을 이어나갔다. "앞으로 이곳에서 생활을 하다 보면, 선배들처럼 되고 싶은 유혹이 많을 거야. 그런데 자네는 그러지 않았으면 좋겠어. 달라서 뽑은 거니까 넌 너의 길을 가."

그 말에서 인정과 기대가 느껴졌다. '나를 좋게 봐주는 사람들의 안목을 증명하는 것.' 그것은 지금껏 살아오며 느낀 성취의 동기이자, 그 자체가 내 평생의 목적이기도 했다. 최종 면접장에서까지도 "이 회사에는 새로운 것을 할 사람이 필요하다"라며 박박 우겨댔으니 독자적인 행보를 기대하지 않는다면 오히려 섭섭할 법한 일이지만 사뭇 막중한 책임감이 느껴졌다. 기존과 다른 걸 하는 것만큼 어려운 일이 어디 있을까.

당시 MBC는 신입 아나운서를 모집할 때부터 뉴미디어를 비롯한 다양한 창구에서 활약할 예능형 인재를 찾는 듯했다. 그래서 면접 중 자리를 박차고 일어나 요란한 잔재주를 선보이는 등 '비정상적'인 행세를 보이기도 했다. 면접장 안에서야 눈 딱 감고 저지르면 그만이었으니 내 간절함에 비하면 어려운 일도 아니었다.

그렇게 어찌어찌 합격의 문턱은 넘어섰지만, 전 국민이 보는 TV 앞에서라면 완전히 다른 이야기였다. 사실 아나운서에 다시 도전하기로 한 계기부터가 진중하고 가치 있는 정보를 널리 퍼뜨리기 위함이 컸다. 누군가가 보기에는 지금의 나의 이미지와 다소 이질감이 느껴지는 목표일 수 있음을 인정한다. 쉽게 비유를 들어보자면 전현무와 장성규보다는 이금희와 손석희에 가까운 이상향을 그렸던 셈이다. 그러나 막상 합격하고 나니 사무실 안에만 해도 이미 어마어마한 경쟁률을 뚫고 들어온 아나운서만 서른 명이 넘었다. 내가 피디라도 진지하거나 무게감 있는 역할을 준비도 안 된 연차가 낮은 남자 아나운서게 맡기진 않을 것 같았다.

프로그램 배정을 담당하는 팀장님도 '영한이는 뉴스 같은 기성적인 영역보다는 새로운 환경에 노출시킬 계획'이라고 했다. 감사한 전략이지만 1인분을 못하는 건 아닐까 싶은 생각에 걱정되기도 했다. 당장 내가 굵직한 예능 프로그램에 패널로 출연하기란 불가능에 가깝고 기껏해야 게스트로 한두 차례 얼굴도장을 찍는 수준일 테니 내 이미지를 피력하기에는 역할도 한정적일 것 같았다. 아쉬웠지만 그렇다고 불만을 가진 건 아니었다. 이미지로 보나 안정성으로 보나 인지도로 보나 어느 하나 증빙된 바 없는 막내 아나운서에게 누가 큰 역할을 맡기겠는가.

아나운서로서 나다운 정체성을 확립하지 못한다는 데서 오는 어려움은 둘째 치고 약간은 외롭게 느껴지기도 했다. 면접 때 기존 아나운서와는 다른 나만의 매력을 어필했지만 내심 나도 선배들과 같은 모든 사람들이 인정해 주는 아나운서가 되고 싶었던 것이다. 그런 기분이 들 때마다 나는 국장님의 첫마디를 늘 떠올린다. 방송에서 '프로' 플레이어로서 거침없이 증명해 나갈 것임을 스스로 매번 다짐하면서.

언더독 마인드

뉴스에서 춤을 추다

프로그램에 배정받기 전까지 아나운서국 책상에 앉아 보내는 수습 기간은 흡사 고교 시절의 야간 자율학습을 연상케 했다. 가끔 있는 선배들과의 티타임과 동기와의 잡담만이 나를 구제해 줄 뿐이었다. 어떤 지침이나 왕도 따위는 존재하지 않는 '방송 준비'는 영겁의 시간 같았다. 선배들이 진행하는 여러 방송을 모니터링하는 것이 최선인 듯했으나 그 역시 그들을 흉내 내는 것뿐이라는 생각이 들었다.

몇몇 선배들이 이 글을 보며 언짢게 여길까 봐 겁나지만 당시의 나는 선배들의 방송 모니터링을 하는 대신 기본에 좀 더 집중하기로 결심했다. 언론고시를 준비하던 때의 마음으로 돌아가 시사 공부와 뉴스 훈련에 만전을 기했다. 솔직히 말해 그거라도 해야 언론인으로서 자격을 부여받는 듯한 기분이 들었기 때문이다.

선견지명이었는지 신기하게도 첫 프로그램으로 TV와 라디오에서 뉴스 코너를 배정받게 되었다. 문화연예계 소식을 비롯한 경성뉴스이기는 했지만 나에게 뉴스를 맡길 줄은 예상치 못했다. 설렘과 동시에 걱정이 들이닥쳤다. 보도국 기자 선배와의 첫 회의, 선배는 속을 도통 모르겠는 표정으로 물었다.

"Z세대라면서요. 뭐 좋은 아이디어 있어요?"

있을 리가. 뉴스를 진행하는 내 모습조차 그려지지 않는 마당에 무슨 방편이 떠오르겠는가. 그렇다고 "시켜주시는 대로 최선을 다하겠습니다!"와 같은 빈말을 선뜻 입 밖으로 꺼낼 성격도 아니었다. 난감해하던 와중, 문득 〈강남스타일〉 말춤을 추며 뉴스 스튜디오에 등장하던 JTBC 아나운서 시절의 장성규 선배의 모습이 뇌리를 스쳐 지나갔다.

"짤, 아니… 밈이 되어보겠습니다!"

갑자기 객기가 샘솟았다.

"저를 포함해서 제 친구들은 아침 뉴스도 안 봅니다."

선배의 얼굴에서 '의아함'이 느껴졌다. 이제 막 입사한 햇병아리가 선배들의 프라이드를 함부로 건드릴 수는 없는 노릇, 오해가 싹트기 전에 바로 용건을 꺼냈다.

"제가 입사하고 놀란 건 과거에 비해 MBC는 이미 충분히 달라졌고, 보수적이라고만 생각했던 보도국마저 계속해서 변화하려는 노력이 돋보인다는 것이었습니다. 아침 뉴스를 보지 않는 건 단지 미디어의 소비 형태가 바뀌었을 뿐이라는 생각이 들어서요. 저희 세대가 흔히 말하는 '어그로'를 끄는 역할을 제가 해보면 어떨까 싶습니다. SNS나 예상치 못한 창구를 통해 재미를 줌으로써 MBC 뉴스에 대한 관심도를 높여보는 건 어떨까요?"

"어그로를 어떻게 끌 건데요?"

의아해하던 선배의 표정에는 나름의 흥미가 녹아 있었다.

"유튜브에 아나운서를 치고 조회 수 순으로 검색하면 어떤 영상들이 나오는지 아세요? 웃음을 참지 못하거나 돌발 상황이 발생한 방송 사고 영상들로 가득합니다. 저에게 딱 5초만 주십쇼. 어차피 제가 맡게 된 코너가 문화나 연예계 소식인 만큼 기사와 관련된 춤이나 성대모사 등 뭐라도 해보겠습니다. 제 코너를 제외한 기사들의 보도 가치가 훼손되지 않도록 어떻게든 진심을 선보이겠습니다."

그렇게 시작된 리허설. 처음으로 생방송 카메라 앞에 선다는 사실만으로 이미 압도되었다. 올려다 볼 수 없을 정도로 눈부신 조명, 곳곳에서 나를 보고 있는 커다란 방송 카메라들, 분주하게 돌아다니는 스태프들, 팔짱을 낀 채 유심히 지켜보는 감독님들. 심지어 공기마저 차가웠다. 지금 나를 보고 있을 부조정실 제작진들과 전파를 타고 보게 될 전국의 시청자들 앞에서 전례 없는 '요상한' 행동을 한다는 게 아무렇지 않았다고 말한다면 그것은 완전한 거짓말이다.

사전에 신호를 주고받은 대로 카메라에는 붉은 불빛이 들어왔고, 프롬프터에 멘트가 띄워졌다. 그리고 코너명을 읊은 뒤 다짜고짜 춤을 췄다. 반주도 없었다. 쥐 죽은 듯 조용한 스튜디오 안에 옷과 대본이 펄럭이는 소리가 유난히 크게 들렸다. 웃음을 참거나 부끄러운 표정을 드러낼 새도 없었다. 사실 긴장한 탓에 얼굴을 포함한 온몸이 뻣뻣하게 굳어버려 다른 표정을 드러낼 여력조차 없었다. 예정된 안무를 마친 후 아무 일 없던 듯, 아니 아무렇지 않은 척하며 뉴스 소식을 이어나갔다.

그렇게 춤부터 시작해 성대모사, 갑자기 화면 밖으로 사라지거나 점프하며 등장하는 등 내가 할 수 있는 온갖 기교를 선보였다. "수고하셨습니다"라는 구령과 함께 리허설은 끝이 났고 뒤늦게 민망함이 몰려왔다. 젊은 층의 유입을 이끌어보겠다고 호기롭게 나섰지만 하면서도 이게 맞나 싶었다. 그리

언더독 마인드

고 잠시 후 AD님이 나에게 딱 한마디 해주었다. "센터장님이 저렇게 소리 내어 웃으시는 거 처음 봤어요."

왜인지는 잘 모르겠지만 보도국에서는 일단 먹힌 거 같았다. 뉴스 시작 후 5초 동안 요상한 짓을 해도 된다는 허가가 떨어졌다. 이제 정말 중요한 건 시청자의 반응이었다. 냉랭한 반응에 대한 각오는 충분했다. 악플보다 무서운 건 무관심이었기 때문이다. 내가 갈 길이 평탄하진 않겠지만 꾹 참아보자. SNS 유머 페이지에 단 한 번이라도 짤방(부분 편집된 게시글)으로 도는 것을 1년의 목표로 삼았다.

그 목표는 4일 만에 이루어졌다. 출근하려고 눈을 떴는데 밤 사이 지인들의 연락이 잔뜩 쌓여 있었다. "이거 너 맞냐?", "아나운서 되더니 여기서 뭐 하냐?"와 같은 메시지와 함께 SNS 게시글이 여럿 공유되어 있었다. 블랙핑크와 관련된 소식에서 노래 〈How You Like That〉에 맞춰 안무를 췄는데, 그것이 '제5의 멤버', '생방송 중 춤추는 아나운서' 등의 제목을 달고 짤방으로 돌기 시작한 것이다. 그 뉴스 영상이 블랙핑크 글로벌 팬 SNS를 통해 공유되더니 인도네시아, 베트남 언론에 소개되기까지 했다. 어느새 나는 '뉴스에서 춤추는 아나운서'라는 타이틀로 불리게 되었다.

처음 내가 목표했던 진중한 언론인의 이미지에서는 크게 벗어났지만 일단 시청자들이 재밌어하고 기억해 주니 뿌듯함을 느낄 수 있었다. 그리고 이를 계기로 예능 프로그램이나 이벤트 진행에 섭외를 받는 일도 늘어났다. 출간이나 강연을 제안하는 곳도 생겼다.

물론 나 하나로 인해서 아침 뉴스 시청률이 크게 바뀌거나 하지는 않았을 것이다. 갈 길이 멀지만, 이따금 사람들이 내가 나온 뉴스 영상을 찾아보고 숏폼 콘텐츠로 재생산해서 공유한 게시글이 수백만 조회 수를 기록하는 것을 볼 때면 큰 뿌듯함이 들곤 한다. 어느새 뉴스에서 춤을 추는 모습은 가장 나다운 면모 중 하나가 되었다. 이처럼 나다움이란 꼭 본인이 추구하는 가치에 따라 계획하는 범위 안에서만 발현되는 게 아니다.

다시 말하지만 입사 시험에 합격하고 나서도 내가 뉴스에서 춤을 추거나 예능 프로그램에 출연하는 모습은 상상조차 해보지 못했다. 단지 내가 자리한 곳에서 마땅히 최선이라고 생각되는 일을 무턱대고 시도해 봤을 뿐이었다. 어차피 단번에 모두를 만족시킬 수는 없으니 일단 할 수 있는 것부터 해보는 거다. 그것을 의아해하거나 달가워하는 것은 다른 사람들의 몫이니까. 무작정 뛰어드는 것에 대해 사람들은 흔히 무모하다고 여기지만, 어쩌면 남들의 반응에 대한 확신이 설 때까지 시작을 미루는 것이 더 어리석고 오만한 판단일지도 모른다.

내가 뭘 좋아하고 무엇이 내게 잘 어울리는지를 스스로 고민하는 시간은 충분히 필요하지만, 사람들 앞에 꺼내 보이지 않으면 혼자만의 세계에 갇히기 십상이다. 의아함은 그들의 몫, 나는 나다운 것을 하면 된다. 판단은 그 뒤에 하더라도 결코 늦지 않다.

성장하는 사람은 무엇이 다른가

우리가 두려워해야 하는 건
불확실성이 아닌 '변화 없음'

목표를 수정해야 하는
일은 있었을지언정
꿈을 포기해야 할 이유는
단 한 번도 없었다.

만족의 공식 : 꿈은 멀리 목표는 가까이

성취 지향적인 삶을 살아가면서도 이것이 진정 잘 살기 위한 방향으로 나아가는 게 맞는지 가끔 의구심이 들곤 한다. 그래서 나는 사회적 성취를 이룬 사람들을 마주할 때마다 묻는 몇 가지 질문이 있다. 먼저 "행복한 삶을 살아가고 있느냐?"라는 것이다. 남 부러울 것 없이 사는 것처럼 보이는 사람도 행복에 대한 질문 앞에서는 쉽게 답을 내리지 못하는 경우가 허다하다. 좀처럼 답이 나오지 않는다면, '당신의 성취에 스스로 만족을 느끼는지', 혹은 '어떤 목표를 갖고 살아가는지'를 추가로 묻는다. 그러나 내가 지향하는 삶을 앞서 살아가고 있는 롤 모델들의 이야기를 버팀목 삼아 동기부여를 받겠다는 기대는 현실과 달랐다. 끊임없이 성장하는 사람들 중에서조차 좀처럼 자기 삶에 만족한다고 자신 있게 내뱉는 경우는 거의 없었다.

'경제력, 명예, 자기표현, 사랑, 관계.' 자신의 삶에 만족을 느끼지 못한다고 답하는 경우, 그들의 결핍은 대개 이 다섯 가지 항목 안에 있었다. 안타깝게도 이 항목들을 균형 있게 이룬 사람마저 얼마 못 가 큰 공허함에 빠지는 경우가 허다했다. 명백한 성취를 이뤄냈음에도 불구하고 원인을 설명할 수 없는 허무함을 맞이한 이들은 스스로도 이 사실을 받아들이지 못하며 힘들어하고 있었다. 스스로를 거만한 사람으로 치부하거나 더 큰 성취를 이뤄내야 한다는 압박감을 느끼며 자괴감에 빠지는 식이었다.

숱하게 사람들의 부러움을 사는 이들마저 어째서 쉽사리 행복을 느끼지 못하는 것일까? 그중에는 성취하고 나서 오히려 인생이 더 불행해진 것처럼 보이는 사람까지 있었다. 허탈함에 힘겨워하는 그들의 속마음을 알고 나니, 나는 무엇을 위해 성취를 열망하는 건가 하는 의구심이 들었다.

결핍을 극복하고 성취를 이뤘음에도 왜 인간은 쉽사리 만족에 다다르지 못하는 것일까? 그 이유를 궁리하던 끝에 내 나름대로 만족의 공식을 도출해 냈다.

언더독 마인드

$$만족 = \frac{성취}{기대}$$

이처럼 만족은 기대와 성취를 각각 분모, 분자로 하는 상대적인 비율로 산정된다. 이 공식을 바탕으로 더 큰 성취를 이룩함에도 불구하고 우리의 만족도가 좀처럼 높아지지 못하는 이유를 분석해 보자면, 우리가 노력을 통해 성취도를 높이는 속도보다 우리 삶에 대한 기대치가 부푸는 속도가 더 빠르기 때문이다. 쉴 틈 없이 물을 쏟아붓지만 동시에 항아리도 더 커지고 있는 셈이다. 물을 채우느라 힘이 다 빠져갈 무렵 들여다본 항아리 안은 여전히 비어 있으니 허탈감에 젖어버리는 것이다.

기대와 결핍은 성장을 향한 욕구가 되기도 하지만, 스스로를 한없이 작아 보이게 만듦으로써 삶을 쉽게 허무로 이끈다. 이를 막기 위해 스스로가 더 나은 사람이 되고 있음을 수시로 인지하려는 노력이 필요하다.

자신의 성취도가 막연하게 느껴지기 시작한다면, 본인의 삶에 대한 기대치가 너무 높은 건 아닌지 점검해 봐야 한다. 단순히 분수를 알고 눈높이를 낮추라는 이야기가 아니다. 꿈은 반드시 크게 가져야 한다. 현실은 냉철히 인정하되 이상적인 도착지까지 한계점을 설정할 필요는 없다. 그러나 우리는 너무나 잡음이 가득한 세상에 살고 있다. 삶의 피로는 쉽게 쌓여가는 반면, 심리적인 보상을 느끼는 간격은 멀기만 하다. 그렇다 보니 이상과 현실의 거리가 좀처럼 좁혀지지 않는 것처럼 보인다. 이 같은 무력감이 우리를 한없이 작은 존재로 여기게 만들고 이내 지쳐버리고 마는 것이다.

우리가 높은 산이나 빌딩을 오를 때 계단을 이용하는 것처럼, 꿈을 향해 다가가는 과정에서는 지금 내 상황을 반영한 작은 목표들을 설정하는 것에 조금 더 초점을 두어야 한다. 단조건이 있다. 이때의 작은 목표는 반드시 이뤄낼 수 있는 수준으로 잘게 쪼개야 한다는 점이다. 마치 거동이 불편한 사람을 위한 낮은 높이의 계단이 존재하듯 한 걸음을 새로 내딛는 것에 대한 어려움을 최소화해 줄 필요가 있다. 그렇게 내가 성장하고 있음을 주기적으로 느끼게 해주는 것이 중요하다.

기본적으로 우리의 신체는 열심히 살게끔 설계되어 있지 않다. 그래야 할 의무가 없다. 당장 열심히 살지 않아도 죽지 않기 때문이다. 스트레스 받지 않고 편하게 누워 배부르고 등 따스운 나날을 보내는 게 당장의 생존에는 더 효율적인 일이기 때문이다. 그럼에도 불구하고 이루고자 하는 꿈이 있다는

언더독 마인드

것' 그리고 그것을 무식하게 좇는다는 것은 우리의 삶이 함부로 재단할 수 없는 가치를 지니고 있다는 방증이 아닐까.

거창한 꿈과 사소한 목표 사이의 관계가 이해되지 않을 수 있으니 내 예시를 들어보겠다. 대개 사람들은 꿈을 특정한 직업으로 정하는 경우가 많다. 그러나 나는 일찍이 꿈에 '진행형 수식어'를 활용함으로써 완성되는 시점을 특정하지 않았다. '누구와도 대화할 수 있는 최고의 인터뷰 프로그램 진행자', '살아서는 목소리를 죽어서는 글을 통해 후세에까지 영감을 전하는 동기부여 연설가'와 같은 식이다. 일단 단어 자체가 진행형, 즉 상태를 의미하기 때문에 딱히 도달점이라는 것이 없다. 더군다나 꿈의 범위가 죽어서까지도 이어지는 수준이니 평생 "꿈을 이뤘다"라는 말이 입 밖으로 나가는 일은 없을 것이다.

이처럼 나에게 꿈이란 애당초 원하는 '방향성'에 불과하다. 달성을 위한 특별한 조건 자체가 존재하지 않는다. 그저 좇을 뿐이다. 내 꿈은 달성되지 않는 것이 '디폴트'인 만큼 나는 허무함이나 실망감을 느낄 일이 없다. 차라리 그 시간에 눈앞의 단기 목표들을 세우고 달성하는 것에 집중한다. 이러한 목표 역시 지엽적인 조건이나 직업이 아닌 '진행형' 상태로 두는 것이 핵심이다. 그리고 그 상태에 이를 수 있게 목표 행동을 더 폭넓은 관점에서 그때그때 선택해서 달성하는 것이다.

누군가 나에게 꿈을 견주어 개인의 성취에 만족하냐고 묻는다면 그 대답은 "No"일 것이다. 그러나 당장의 삶(상태)에 만족하느냐고 다시 묻는다면 망설임 없이 "Yes"를 외칠 것이다. 삶의 만족을 평가할 때 얼마나 성취했는지 못지않게 중요한 건 앞으로도 세워나갈 목표들을 이룰 거라는 확신이기 때문이다.

자신이 처한 상황에 따라 유연하게 목표를 설정하고 달성해 나가는 습관을 기르자. 그렇게 쌓여가는 작은 성취들이 당신의 자신감을 끌어올려 줄 것이다. 큰 꿈을 바라만 보는 것보다 작은 성취를 이행하는 것에 더 큰 무게감을 부여해 보는 것이다. 결국 우리가 만족하는 결과에 이르기 위해서는 성취를 키우는 것과 더불어 기대감이 웃자라지 않도록 관리하는 것이 중요하다는 사실을 잊지 말자.

여전히 포기하고 싶은 일은 없지만, 좀처럼 나아갈 의욕이 서지 않을 때면 나는 이 문장을 꺼내어 곱씹어 본다.

"꿈은 멀리 목표는 가까이."

바꿀 수 있는 건 과거

과거, 현재, 미래 중 우리가 바꿀 수 있는 게 있다면? 대부분의 사람은 그나마 유일하게 우리가 두 눈으로 마주하지 못한, 아직 발생하지 않은 '미래'일 거라고 예상한다. 나 역시 한때는 그렇게 생각했다. 지독한 계획주의 성격 탓에, 언제나 많은 것을 바라는 동시에 필요 이상의 걱정을 일삼곤 했다. 여전히 다양한 경우의 수를 고려하고 대비하는 습관은 스스로 평가하기에도 상상을 넘어 망상에 가깝다. 하지만 30년을 채 못 채운 지금까지의 삶만 돌아봐도 과연 온전히 계획대로 이뤄낸 것이 얼마나 될까. 통제하려 애써도 늘 예상치 못했던 변수들이 도사렸고 그 속에는 언제나 혼란과 기회가 뒤섞여 있었다.

그렇게 갈피를 잃고 정신 못 차리다가도 처음 목표했던

상황이 눈앞에 펼쳐지는 일을 숱하게 마주했다. 마치 어떤 길을 선택하든 정해져 있던 것처럼 말이다. 이러한 상황들 때문에 나는 내 인생이 꼭 영화 〈트루먼 쇼〉와 같다고 생각했다. 내가 주연인 하나의 작품 속에서 살고 있다고 말이다. 이는 어려서부터 방송인이 되기를 바랐던 기대에서 시작된 망상이기도 했지만, 덕분에 나쁜 유혹에 휩싸일 때면 관객들이 어디선가 보고 있다는 생각으로 도덕의 선을 지킬 수 있었다. 그리고 실제로도 살아가며 다양한 사건을 마주하다 보면, 그 인과를 따지기보다는 애초에 모든 게 정해져 있었다고 생각될 정도로 신통한 일이 다분하지 않은가.

운명처럼 원하는 것을 이뤄내고 난 뒤 지나온 과정을 반추할 때, 과거에 느꼈던 어려움이 성장하는 데 자양분 역할을 해주었음을 뒤늦게 깨닫는 경우가 많았다. 가령 담임선생님이 나의 가정사를 아이들에게 드러냈던 사건 덕분에 움츠린 이들을 대신해서 용기를 내는 사람이 되겠다는 삶의 목표가 생겼고, 학창시절 내내 무상급식 수혜를 받고 학원을 다닐 여건이 안 되어 근로 장학생으로 일했던 경험이 대입 면접에서 좋은 결과를 얻었으며, 아나운서 아카데미를 다닐 돈이 없어서 시작했던 영상 편집 일 덕분에 남들보다 빨리 돈을 벌 수 있었듯 말이다.

코로나19로 여행길이 막히고, 직장을 나오고 할 게 없어 맴돌던 클럽하우스 고민 상담방이 포기했던 목표를 5년 만에 다시 도전하게 만들기도 했으니 이처럼 나의 타이틀이 바뀔 정도로 큰 영향을 미친 계기는 언제나 '뜻하는 대로 풀리지 않아 고충을 겪던 시기'에 '아무런 기대도 없이 무심코 시작했던 일'에서 기인했다. 어려웠던 과거의 아픔들이 정말 실질적인 성취 요인으로 작용한 것인지, 운 좋게 잘 풀린 결과에 따라 미화된 것인지는 모르겠다. 다만 확실한 것은 과거에 벌어진 사건이 갖는 의미는 그 사람의 인생에 펼쳐질 이후의 이야기에 따라 언제라도 달라질 수 있다는 것이었다. 그리고 이러한 마법의 전개는 지금도 계속해서 일어나고 있다. 이러한 관점에서 앞으로 펼쳐질 미래의 결과에 지나온 과거가 긍정적인 영향을 미칠 수 있도록 새로운 가치를 부여해 줄 수 있는 것이다.

최근에 이뤄낸 가장 큰 업적이라고 할 법한 아나운서 합격마저 내 계획과는 동떨어진 일이었다. 대학교 2학년이었던 2016년, 아나운서의 꿈을 접어둔 이후로 내 삶은 인지 부조화의 연속이었다. 꿈 타령이 지긋한 이 나라에서 10년 넘게 목

2장 성장하는 사람은 무엇이 다른가

표했던 직업에 도전조차 하지 못한 내 삶을 스스로도 인정할 수가 없었다. 다른 분야로 눈길을 돌려봤지만, 딱히 더 잘 맞아 보이는 일도 없었다. 언더독의 롤 모델이 되어 희망을 전하는 사람이 되고 싶었지만, 이미 글렀다는 생각마저 들었다. 그렇다고 마냥 좌절만 하고 있을 수는 없었다. 당장 생활비를 벌어야 했기 때문이다.

시원치 않은 성취를 운운할 바에 차라리 돈이 되는 일을 닥치는 대로 시작하고, 생각처럼 잘 풀리지 않는다면 성공 스토리 대신 실패담을 파는 편도 나쁘지 않아 보였다. 도통 쉬워 보이는 게 하나 없다면 차라리 더 좁고 어려워 보이는 길을 택하기로 했다. 전형적인 영웅 서사 아닌가. 성공 신화의 주인공은 좀처럼 탄탄대로를 밟는 일이 없다. 혹여 실패하더라도 높은 벽 앞에서 무너졌을 때 좀 더 떳떳하게 큰 소리 낼 수 있지 않겠는가. 객관적인 성취보다 치열함으로 인정받는 사람이 되기로 목표를 바꿨다. 험난해 보일지언정 '극복'이라는 의미에서의 성장을 이뤄낼 수 있다면 분명 사람들에게 전할 이야기가 생길 것이다.

아나운서라는 큰 목표를 잃고 난 뒤 방황한 나 자신을 다잡기 위해, 일단 재밌어 보이는 일에 닥치는 대로 도전했다.

언더독 마인드

그 도전의 명분을 '실패 경험을 쌓기 위함'으로 정했기에 두려울 게 없었으며, 예상치 못하게 더 좋은 결과를 얻기도 했다. 그렇게 나도 모르는 사이에 하나씩 경험이 쌓이기 시작했다. 그리고 마침내, 다시 아나운서에 도전하게 되면서 나는 모든 경험을 하나로 아우르는 선을 이어낸 것뿐이다. 무언가를 이루기 위해 꼭 달성해야 하는 조건들은 사실 불안한 사람들이 불확실성을 떠맡지 않기 위해 만들어낸 허상일 뿐, 정작 필요한 건 종류를 막론한 개인의 경험들이었던 것이다.

스티브 잡스는 2005년 스탠퍼드대 졸업식에서 "인생에 쓸모없는 우연은 없다Connecting the dots"라고 이야기했다. 그가 인도 여행을 떠나거나 캘리그라피 수업을 들었던 이유가 훗날 맥킨토시를 만들기 위함은 아니었다. 이처럼 그것이 어떤 의미를 지니는지는 우리가 그것을 어떻게 연결 짓냐에 달려 있다. 그가 자신이 세운 회사로부터 해고당했다는 절망에 빠져 그길로 업계를 떠났다면? 모두가 혁신의 원천이라고 박수를 받았던 잡스의 오지 여행과 캘리그라피 수강 이력은 그저 젊은 날의 객기 어린 추억으로만, 아니 정확히는 아무도 기억조차 해주지 않았을 것이다.

다시 우리가 바꿀 수 있는 시제, 과거·현재·미래에 대한

　　　　　　　　　　　　2장 성장하는 사람은 무엇이 다른가

이야기로 돌아가 보자. 재도전할 때의 내가 그랬듯, 미래를 바꾸기는커녕 우리는 당장 한 치 앞도 내다보지 못한다. 해치우기 급급한 현재를 살아가기에도 벅차다. 그렇기 때문에 우리가 할 수 있는 최선은 과거를 바꾸는 것이다. 당신에게 확실한 목표가 있다면 결과를 의심하는 시간을 아까워할 줄 알아야 한다. 지금 당신이 겪고 있는 모든 고난의 과정들은 도달한 뒤 새로운 해석을 붙이기에 따라 얼마든지 다른 가치를 지닐 수 있다. 당신이 지나온 과거를 포함한 모든 요소가 마치 그것을 위해 벌어졌던 것이었다고 매듭지으면 된다. 생각을 어떻게 습관화하느냐에 따라서 누군가에게는 아픈 과거가 미래로 나아가지 못하게 하는 장애물로 남는 한편, 누군가에게는 그럼에도 불구하고 끝내 극복하고 이뤄냄으로써 목표를 더욱더 빛나게 해주는 발돋움이 된다.

우리 삶은 가만히 주저앉아 이상적인 미래만을 바라는 정도로 바뀔 만큼 호락호락하지 않다. 이미 벌어진 과거의 역경들을 방해하는 장애물로만 바라볼 것인지, 아니면 성취를 빛낼 발돋움으로 삼을 것인지는 마음먹기에 달려 있다. 어려웠던 가정환경, 사람들의 비관, 방황, 좌절, 6평짜리 원룸 방바닥을 뒹굴며 수많은 시간을 스마트폰에 대고 떠들어대던 잉여 시간들. 답답한 삶에 대한 푸념의 소재였던 것들이 이제는 성취의 양분으로 연결되었다.

불확실한 미래는 스케치로 충분하다. 상상에 얽매기보다
는 과거를 재해석하겠다는 믿음으로 발걸음을 내딛자. 지금
은 독처럼 보이는 당신의 과거마저 꿈같은 현실을 완성해 줄
징검다리가 될 수 있다는 것을 의심하지 말자.

불안을 마주하는 자세

경쟁 사회는 우리를 효율 중심적으로 사고하게 만들었다. 남들보다 더 빨리, 더 많이 무언가를 이루는 것을 능력의 차이로 간주하기 때문이다. 사회가 요구하는 것 이상으로 치열하게 많은 것을 이뤄내며 살아가는데도 불구하고 우리가 여전히 불안을 느끼는 이유다. 한편, 나는 불안에 대한 부정적인 시선을 거두기 위해 노력한다. 지난날을 돌이켜 볼 때 불안을 내 편으로 만듦으로써 더욱 성장할 수 있었기 때문이다. 불안을 느낄 때마다 나는 이것을 전환점을 알리는 '시그널'로 삼았다.

생존조차 불안정했던 시간들이 나에게는 많았다. 전업주부였던 어머니는 빚과 나를 홀로 떠안게 되었다. 당시 나는 유치원에 채 들어가기 전이었고 생계에 요령이랄 게 없었던 어머니가 돈을 벌 방법은 극히 제한적이었다. 나를 데리고 친척 집을 전전하며 보험과 정수기를 팔다가 식당에서 일하며 100만 원이 채 안 되는 월급을 받고 시장통 단칸방에서 나를 키워냈다. 소싯적 멋 부리고 놀기 좋아하던 엄마가 매일 한숨 짓고 흐느끼는 모습을 똑똑히 지켜보며 순진하게 살아서는 이 굴레에서 벗어날 수 없음을 직감했다.

성실함만으로는 생활 수준이 더 나아지지 않는다는, 애당초 출발점이 다르다는 것을 그때 깨달았다. 그렇게 나는 열악한 환경일지언정 경쟁에서 우위를 차지하기 위한 요령들을 터득해 나갔다. 분수에 맞게 살라는 말에는 일찍이 귀를 닫았다. 일단 작은 기회라도 얻기 위해서는 불안함을 드러내지 않고 가난이라는 '분수'를 거슬러야만 했기 때문이다.

스스로는 불안함을 느낄지언정 타인에게는 불안을 철저히 감추는 것이 좋다. 나에 대한 부족함을 상대가 인식하는 순간, 연민과 동정을 비롯해 무심코 나온 한마디들이 낙인을 찍음으로써 나의 발전 가능성을 저해하기 때문이다. 더 큰 문제는 서로의 결핍과 불안을 인지하는 과정에서 계층의 구분이 발생한다는 데 있다. 모든 인간은 불안을 느끼지만, 그 불안의 양상은 어느 정도 경제적 수준에 상응해 나뉜다. 그렇기 때문에 우리는 겉으로 보이는 물질적 요소뿐만 아니라, 정서적인 것을 기준 삼아 무리를 구분하기도 한다.

나는 이 점을 이용하기로 했다. 물질적으로 모자랄지언정 불안의 감도를 맞춤으로써 더 나은 삶을 개척하는 집단에 들어가겠다는 전략이었다. 주변을 둘러보면 힘겨워하는 사람들에게는 어려운 일만 반복적으로 닥치고, 성공하는 사람들은 끊임없이 새로운 기회가 찾아와 목표를 이루는 것처럼 보였다. 그래서 나는 후자의 삶에 근처라도 다가가 그 차이가 어디서 비롯되는지 알아내고 싶었다.

일단 경제적 결핍으로 인해 나에게 부정적인 에너지가 많이 흐른다는 것은 알고 있었다. 이를 마냥 부정하고 숨기기보다는 인정하고 다스림으로써 잠재우려고 노력했다. 그래야 자연스레 내 환경을 바꿔나갈 수 있으리라 믿었기 때문이다. 내가 생각한 방법은 '도금 수저'가 되는 것이었다. 흔히 말하는 흙수저임에도 금수저처럼 보이게끔 행실을 뒤바꾸는 전략이었다. 명품으로 치장하거나 허세를 부리는 것과는 전혀 다르다. 사실 그런 것도 어느 정도 돈이 있어야 가능했기 때문에 내가 쉽사리 흉내 낼 수 있는 일이 아니었다. 그래서 나

언더독 마인드

는 단순히 눈에 보이는 것보다는 은연중에 드러나는 습관을 따라 하는 데 중점을 두었다.

부자들이 지향하는 삶의 모습을 잘 관찰하고 그중에서 돈이 들지 않는 것이 무엇인지 살폈다. 식이 조절, 깔끔한 옷차림, 정돈된 언행, 긍정적인 사고, 생활 매너, 문화생활과 같은 것 중 소비력과는 무관하게 실천할 수 있는 요소들이 생각보다 많았다. 의복 같은 경우도 굳이 고가의 명품 로고가 달리지 않더라도 소재나 색의 조합, 좋은 원단이 아니더라도 잘 다려진 깔끔함으로 정돈된 느낌을 주기에 충분했다. 물질적 결핍에 따른 불안함을 드러내지 않고 외적인 생활상을 따라 하는 정도만으로도 충분히 나는 그들의 삶에 녹아들 수 있었다. 그리고 그들의 모습을 더욱 가까이서 지켜보며 자신감과 성취를 이끄는 긍정적인 마음가짐을 터득하게 되었다.

이것과는 별개로 나에게 가장 큰 근심은 생계였다. 매달 남은 잔고로 버틸 수 있는 날을 하루하루 세가며 저축했다. 심지어는 상대적으로 물가가 저렴한 동남아에서 생활을 하면 얼마나 더 버틸 수 있을지까지 따져본 적도 있다. 제때 취업을 못하면 그곳에서 콘텐츠 활동을 하면서 사업을 하는 게 저비용으로 경쟁력을 갖추는 방법인 것 같았기 때문이다. 가

성비를 생각하며 합리적인 소비를 하는 것에 자부심이 있었지만, 사회생활을 시작하고 나서는 회식 후 남은 음식을 싸가거나 식자재를 고를 때 100그램당 가격을 비교하는 모습을 보며 스스로를 궁상맞다 느끼기도 했다.

비용 지출로 인한 불안함을 최소화하기 위해 남의 손에 맡김으로써 발행하는 서비스 비용부터 줄였다. 가격을 비교하고, 중고 매물을 찾아 나서고, 직접 수리하는 등 무엇이든 내 시간을 들여 해결했다. 레버리지의 관점에서는 돈을 주고 맡길 수 있는 일은 전문가에게 넘겨주고 본인은 자신만의 전문 분야를 개척하는 것이 효율적일 수 있다. 이 합리성에 대해 나 역시 동의하지만, 그것은 자신의 전문 분야에 대해 확실한 갈피를 잡았을 때에만 해당된다고 생각한다. 나 같은 경우에는 오히려 내가 할 필요 없는 일까지 전부 직접 해보면서 내 적성을 찾을 수 있었다.

학창시절 전혀 관심 가져보지 못했던 미술과 디자인 분야에서 재미를 느낀다는 것도 알게 되었고, 비용 감축을 위해 여러 사람을 직접 만나는 과정에서 커뮤니케이션 능력을 길렀고, 자연스럽게 시장 구조에 대한 이해도 넓힐 수 있었다. 어차피 이 세상을 구성하는 대부분의 일이란, 대개 타인의 문제를 해결해 주고 그 대가로 돈을 받는 구조다.

그렇기에 내가 어떤 문제를 잘 해결할 수 있는지를 고민해 보고 적성에 맞는 일을 직업으로 삼아야 하는데, 효율 중시의 사회에는 모든 커리큘럼이 너무나 잘 마련되어 있다 보니, 좀처럼 굳이 안 해도 될 일을 해봄으로써 자신의 능력을 평가할 기회가 없다. 물론 나 역시 누군가에게 불필요한 일을 맡기고 한 가지에 전념하는 편이 더 효율적인 성장을 가져왔을지도 모른다. 그러나 만일 그랬다면 비용 지출에 대한 불안감은 좀처럼 해소되지 못했을 것이고, 같은 길을 가는 다른 사람들을 보며 안도하기에 급급했을 것이다. 그것이 인생에 더 편한 길이 될지는 모르겠으나 주체적인 성장과는 확실히 거리가 있다고 생각한다.

이처럼 혼란스러운 상황을 직면할 때면, 나는 하던 일에 더욱 박차를 가하거나 새로운 할 거리를 더 찾아나섰다. 그것도 '나만의 독창적인 방향'으로 말이다. 다시 한번 말하지만 독창성은 무에서 유를 창조하는 거창함을 요구하지 않는다. 내가 가진 것들을 바로 알고 조합을 새롭게 하는 정도면 충분하다. 그렇게 여행에미치다, 클럽하우스를 거쳐 포기했던 아나운서 시험을 다시 준비했고, 뉴스에서 춤을 추고, 이렇게 책까지 집필하게 된 셈이다. 모든 행동의 근거는 불안 → 새로운 욕구 → 실행 → 변화 → 권태 → 불안의 구조를 반복했다. 불안은 언제나 내 성장의 시작점이자 도착점이다.

불안을 느끼는 데 머무르면 삶이 도태되지만, 그만큼 행동량을 늘리면 고스란히 성장할 수 있다는 것. 이러한 반복 속에 깨우친 공식이다. 다만 분명한 점은 행동하지 않으려는 이유를 찾을수록 확실해지는 건 우리의 삶이 변하지 않는다는 것뿐이다. 이러한 생각의 틀을 장착하고 나니 불쾌하기만 했던 불안함이 성장 시그널로 보이기 시작했다. 물론, 불안을 반기는 경지에 이르지는 못했다. 나는 여전히 불안을 피하고 싶다. 그럼에도 불안을 느끼지 않는 것과 나의 성장 가능성을 맞바꾸라면 차라리 평생 불안함을 느끼는 편이 내 삶에 더 유리하다는 것을 이제는 안다. 결국 나는 삶의 의미를 성장으로부터 충족하는 사람이기 때문이다.

그럼에도 두려움은 끊임없이 찾아온다. 당장 매일 아침 뉴스 원고를 씹을 것 같은 두려움, 방송에 나간 내 모습이 재미없을 것만 같은 두려움, 반응 없음에 대한 두려움, 비난에 대한 두려움, 소홀해진 친구 관계에 대한 두려움, 나이 듦에 대한 두려움, 연애와 결혼에 대한 두려움, 가족의 건강에 대한 두려움,

언더독 마인드

좋은 현재를 유지하지 못할 것 같은 두려움 등 말이다.

앞서 이야기한 대부분의 두려움이 두려워할 필요가 없는 것들임을 나 역시 안다. 솔직하게 고백하자면, 그럼에도 매번 초조하고 긴장하고 불쾌함을 느낀다. 이러한 굴레를 매일같이 보여지고 평가받는 직업을 선택한 숙명으로 여기기로 했다. 무리하지 않고 안정을 추구하면 불안함의 정도는 점차 줄어들 테지만, 여전히 회피보다는 부딪힘을 택한다. 성장과 불안의 순환을 멈추고 싶지 않기 때문이다. 이처럼 삶을 향한 나의 욕구는 주체성과 안정을 사이에 두고 지금도 끊임없이 진자 운동 중이다.

때로는 수용하는 것이 최고의 반항이기도 하다. 불안에 대척하기보다 인정하고 나니 마음이 편해졌다. "불안한데 어떻게 해요?"가 아니라 "불안하니까 일단 해요"가 더 타당한 문장이 된다. 용기는 행동의 조건이 아니다. 도전으로부터 풀이되는 '결과'다. 이러한 해석의 한 끗 차이에서 우리는 새로운 것을 도전하는 데 생기는 두려움을 일축할 수 있다. 그러다 보면 자연스럽게 원하는 것에 대한 성취의 빈도가 높아진다. 불안을 잠재워 주는 건 성공률이 아니라 성공의 빈도다. 결과가 아쉽더라도 상관없다. 우리가 진정 두려워해야 하는 건 성패의 불확실성이 아니라 '변화 없음'이다. 불안함이 찾아온다면 원하는 것을 이뤄낼 전환점을 알리는 신호탄으로 해석하자.

지루함을 느낀다는 건
내가 능숙해졌다는 뜻

나의 2021년은 불확실성으로 가득했다. 고정적인 수입원이 끊긴 지 1년, 회사에 다니며 모아놓은 세계 여행 자금을 전부 주식에 투자했다. 경기가 조정기를 겪으며 조금씩 주가가 빠지는 시기였는데 추가 매수하자니 당장 생활비가 모자라고, 더 떨어질 게 두렵기도 했다. 이도 저도 못하고 그저 간간이 들어오는 일거리로 생활비를 충당하는 수밖에 없었다. 한때는 인플루언서, 유튜버가 되는 게 목표였지만 악플로 소중한 지인을 떠나보내는 게 남 일이 아니게 되고 나서는 무얼 해야 할지 막막했다. 남들에게 내 모습을 드러내는 게 두려워진 것이다. 적당히 회사에서 필요한 일만 하고 부지런히 돈을 모아 내가 좋아하는 것을 하고자 마음 먹고 우선 취업 준비를 위한 공부를 시작했다.

　　　　　　　　　　　　2장 성장하는 사람은 무엇이 다른가

미디어 활동을 끊겠다고 다짐했지만 버릇을 쉽게 없앨 수는 없었다. 대신 이전과 달리 익명으로 활동하는 타협점을 찾았다. 보이지 않는 사람들에게서 받았던 상처들은 모순적이게도 누군지도 모르는 사람들로 인해 치유되었다. 클럽하우스에서 고민 상담방을 진행하면서 유저들이 보여준 반응에 감동을 받은 것이다. 마음은 더욱 복잡해졌다. 남들에게 드러나는 게 두려우면서도 제일 하고 싶은 것이 결국 이 길이었다.

때마침 취업 문이 지독하게 좁아졌다. 나는 여러 경우의 수를 계산한 끝에 오랜 목표에 다시 도전하기로 했다. 그 잘난 '돈' 때문에 제대로 시작조차 못 하고 좌절했던 아나운서 시험, 막연했던 그 문을 두드려보기라도 해야겠다는 심산이었다. 절대적인 시간도 많게 느껴지지는 않았다. 당장 학교 졸업까지 세 학기 가까이 수업을 더 들어야 했다. 생계를 위해 벌인 사업도 책임을 져야 했다.

매시간 단위로 촘촘히 계획을 세웠다. 의도했다기보다는 불가피함에 가까웠다. 아나운서 시험이 어떤 면에서는 지덕체를 고루 평가받는 시험이 아닌가. 무작정 공부에 몰두하기보다는 겉모습 또한 신경 써야 하는 직군인 만큼 철저한 자기 관리와 공부를 동시에 진행하는 수밖에 없었다. 주어진 24시

언더독 마인드

간 안에 운동, 식단, 암기, 창작, 소통, 휴식으로 범주를 나누어 분배했다. 그리고 모든 과정을 최대한 통제 가능한 방향으로 설정했다. 그러기 위한 최선의 방법은 '혼자가 되는 것'이었다.

누군가와 함께한다면 변수가 발생할 확률은 제곱이 된다. 그 때문에 클럽하우스에서의 소통까지 SNS를 통해 정해진 시간을 두고 비대면으로 진행했다. 그러다 보니 대화의 진정성이나 깊이는 유지하되, 맺고 끊음에 대한 감정적인 부채감을 최소화할 수 있었다.

어떻게 그렇게 로봇처럼 살 수 있나 싶지만, 당시의 나는 그래야만 했다. 3주 정도 넘게 규칙적인 생활을 할쯤 가장 놀라운 변화는 불안함이 사라졌다는 점이다. 아나운서가 되려는 이유, 이 노선의 성공 확률, 최악의 경우, 더 나은 차선책 등과 같은 잡생각들이 더 이상 머릿속에 떠오르지 않았다. 이따금 '이걸 왜 하지?'라는 의문이 들어도 '하기로 했으니까', '어제도 했고, 그제도 했고, 내일도 할 거니까'와 같은 단순한 답변이 나왔다. 솔직히 말하면, 철두철미하게 시간을 통제하는 듯한 내 모습에 취해서 더 열심히 하게 되는 이유도 컸다.

그렇게 시작한 지 반년이 채 되지 않아 나의 '수준'이 바뀌었음을 실감했다. 첫 지원이었던 KBS 시험에서도 유의미한 결과를 얻었다. 처음에 목표했던 카메라 테스트는 물론 가장 난관이라고 생각했던 필기 전형까지 단번에 통과했다. 그런데 어느 정도 자신감이 붙어갈 무렵 내 의욕을 시험케 하는 녀석이 나타났다. 바로 무료함이었다.

정해둔 일과가 익숙해지니 시간적, 심적 여유가 생겼다. 과업을 수행하는 데 여유가 생긴다는 게 마냥 긍정적이지만은 않음을 깨달았다. 그토록 간절했던 꿈에 소원해진 건가? 예전만큼의 치열함을 잃은 건가? 자신을 의심하며 또다시 잡생각의 늪에 빠지기 시작했다. 갑자기 공부량을 늘리거나, 난이도를 높인다고 해결될 일 같아 보이지 않았다. 이 시험을 준비하는 데 과업의 양은 충분했다.

그래서 나는 시간 활용은 그대로 하되, 환경의 변화를 주기로 했다. 보통은 운동 시간이나 쉬는 시간을 활용해 근처 공원을 걷고는 했는데, 차라리 그 시간을 정해진 트랙이 아닌, 낯선 동네에 가보기로 했다. 30분에서 1시간 정도 이동하면서 루틴에 변화를 준 것이다.

먼저 날씨를 만끽하거나 마주하는 풍경을 관찰하는 데 집중했다. 그리고 '잡생각을 하는 시간'을 가졌다. 지독한 루틴 또한 익숙해지면 별것 아니게 된 것처럼 잡생각도 만만히 여기겠다는 전략이었다. 매일 걸으면서 복잡한 생각을 일부러 하다 버릇하니 가끔 문득 부정적인 생각이 찾아와도 예전처럼 충격을 받지 않게 되었다. 이전까지는 갑자기 내가 왜 이런 나쁜 생각을 하는지 걱정하며 이유를 찾기 바빴다. 그런데 필요에 의해 일부러 잡생각을 한다고 여겼더니 나중에는 이것이 의도해서 나온 것인지, 불현듯 찾아온 것인지조차 구분할 수 없는 지경에 이르게 되었다. 그리고 유튜브에서 동기부여 영상을 한두 편 보고 나면 의욕이 다시 샘솟았다. 그렇게 다시 책상에 앉으면 처음 시작했을 때 가졌던 포부를 조금이나마 되찾을 수 있었다.

불안함과 지루함을 동시에 느끼는 경우는 드물다. 돌아보면 나는 불안했던 과거를 금방 잊어버린 채 오늘을 살고 있다. 지루함과 권태를 느낄 때, 우리는 올챙이 적 모르는 개구리가 되고 만다. 그러나 예측할 수 없는 세상에서 생존 경쟁을 하는 우리에게 아무것도 시작하지 못하게 막는 불안함보다는 지루함에서 의미를 찾는 편이 조금 더 수월하다고 생각한다.

지루함을 느낀다는 건, 내가 무언가를 당연히 여길 정도로 능숙해졌다는 뜻이다. 이 길로 가면 큰 문제 없이 무언가를 이뤄낼 것임을 우리의 무의식이 직감하고 있다는 성공의 시그널이다. 이제는 다가올 그날을 설레는 마음으로 기다리기만 하면 된다. 걱정하지 말자. 방향이 틀어질 때면, 또다시 불안이란 녀석이 운전대를 바로잡게 만들 것이다. 꾸준함을 믿고 약간의 환기만 해준다면, 어느새 원하는 것을 이룬 나를 발견하리라 확신한다.

당신의 성공이 부정당하는 이유

우리는 정말 하고 싶은 게 없는 것일까? 어쩌면 자신 있게 드러낼 만한 게 없는 까닭에 목표를 감춰두고 꾸역꾸역 살아가는 건 아닐까. 안 될 거라는 염려와 어떻게든 끌어내리려는 매서운 반응들에 지레 겁먹고는 말이다. 우리는 격려와 박수를 듣기 참으로 어려운 시대를 보내고 있다. 누군가의 성공을 독려해 주기보다는 남의 성과와 자신의 처지를 비교해 절망하거나 성취에 흠집 내기 급급한 세상이다.

누군가의 성공은 더 이상 좋은 본보기가 되지 못한다. 오히려 상대적 박탈감을 낳아 누군가의 잠재력을 의심하게 만드는 비교 대상이 될 뿐이다. 부정적인 기운이 도사리는 사회에서 자신만의 길을 가기란 몹시 힘들다. 마지막으로 누군가를 진심으로 응원하고 축하했던 일이 언제인가. 응원으로 가득 차도 모자랄 이 시대에 사람들은 왜 이리도 서로를 할퀴고 못살게 구는 걸까.

부정적인 사람들은 지금도 누군가를 끌어내리면서 에너지를 얻고 있다. 애석하게도 당장 달리할 수 있는 건 우리의 생각뿐, 그들의 시기심을 어찌할 도리는 없다. 나는 왜 이리도 열악한 환경에서 불공평한 경쟁을 해야 할까? 나는 왜 도와주는 이가 없을까? 왜 모두 나한테 안 된다고만 할까? 이런 생각들이 덜컥 찾아올 때면 잠깐 서럽다가도 금세 감사함을 느낀다. 누군가 내가 망하고 있다고 비아냥거리기까지 한다면 금상첨화다. 이것이야말로 내가 지금 전형적인 성공의 시나리오를 따라가고 있다는 증거이기 때문이다. 나를 부정하는 사람들을 원망하기보다는 본능적인 것이라고 생각하기로 했다. 뭐 하나라도 자신의 판단이 옳고 싶은 나약한 욕구의 발현일 뿐이다.

만일 "정영한은 대한민국 최고의 인터뷰어가 된다"라는 명제에 당신의 전 재산을 걸고 베팅해야만 한다면 성공과 실패 중 어떤 선택지를 고를 것인가? 그렇다. 어느 정도 통계를 헤아릴 줄 아는 사람이라면 대체로 우리의 목표가 달성되지 못할 확률이 조금이라도 더 높다는 것을 알 것이다. 애당초 우리는 쉽게 얻을 수 있는 것을 바라지 않기 때문이다.

당신이 실패할까 봐 두려워하는, 혹은 도전하면서도 계속해서 기회비용을 걱정하는 그 목표가 누구나 이룰 수 있는 거였다면 당신은 시작했겠는가? 도전의 가치는 희소성을 따른다. 내가 아나운서가 되겠다는 이야기를 할 때마다 대부분의 사람들이 너에게 더 잘 맞는 무언가가 있을 거라며 시각을 넓히라고 말해주었다.

물론 그들의 선의를 의심하지는 않지만, 그러한 조언들에 흔들리지 않았다면 거짓말이다. 다른 사람들의 이야기를 들을수록 내가 목표를 이룰 수 없는 이유만을 찾아내게 되었다. '목소리가 성우 톤이다', '쌍꺼풀이 없다', '치아가 고르지 못하다', '카메라발을 못 받는다', 'SKY 대학 출신이 아니다', '요즘에는 신방과 출신을 뽑지 않는다' 등등 지금 생각해 보면 우습기 짝이 없는 이유들이지만, 그 시절에는 전부 그럴싸한 단점으로 들려 내 앞을 가로막았다.

왜 꿈에 대해 이야기할 때 우리는 현실을 운운하며 만류하기 바쁠까? 사람들은 누구나 자신이 선구안을 갖기를 바란다. 괜히 누군가 높은 기회비용을 내고 도전하려고 할 때, 도전의 실패로 나를 원망할 것을 염려해 안정적인 선택을 권한다. 최선을 취하기보다는 최악을 피하게 유도하는 것이다. 안정적인 노선을 선택했을 때 결과에 대해 일말의 아쉬움을 표할 수는 있지만, 괜히 도전을 부추겼다가 상대가 좋지 않은 결과를 마주한다면? "등 떠밀려 너 때문에 모든 것을 잃었다" 같은 원망을 사게 될지도 모른다. 책임을 질 의무까지는 없다고 한들 마음의 부채감을 어떻게 감당하겠는가. 꼭 당신의 성공을 바라지 않아서가 아니다. 당신을 소중히 여기는 사람도 마찬가지다. 선의와 악의를 막론하고 당신의 도전을 독려하기보다는 만류하는 이가 많을 수밖에 없는 까닭이다.

그렇기에 우리는 꼭 해야 하는 무언가를 앞두고 주변의 피드백에 지나치게 의존해서는 안 된다. 애초에 숙고의 깊이부터 다르다. 솔직히 말해 선택을 앞둔 지인을 응대할 때 당신은 얼마나 진심을 다하는가? 물론 남의 일을 내 일처럼 고민하는 경우도 많지만 내 앞가림하기 급급한 상황에서 툭 하고 뱉은 말을 상대가 지나치게 경청하는 바람에 당황스러웠던 적이 있지 않은가?

나 역시 아나운서 시험에 합격하고 나니 사람들의 태도도 달라졌다. 아나운서보다는 다른 길을 권하던 비율이 70퍼센트였다면 정확히 그 반대가 되었다. 언젠간 네가 될 줄 알았다는 말을 훨씬 많이 듣게 된 것이다. 내가 모르는 곳에서 나를 응원해 주고 있었다면 감사할 따름이다. 그럼에도 그들 모두가 과거의 나에게 그런 응원의 메시지를 주었는가를 반추해 본다면 고개가 기운다.

이제 와서 지인들의 의도를 함부로 매도하는 것은 내 얼굴에 침 뱉는 셈이다. 축하마저 감사히 받아들이지 못해 부정하는 꼴이라니. 나라고 예외는 아닌 듯하다. 타인의 보이지 않는 속내를 깎아내리면서 에너지를 얻는 이들은 지금도 어디선가 누군가 무너져 내렸을 때 자신이 선구안을 가졌다고 느끼며 희열을 얻고 있다. 경쟁에서 상대적 우위를 점하고 만족감을 얻기에는 자신의 성장을 포기해 버린 까닭에 누군가를 계속해서 끌어내릴 수밖에 없는 것이다.

나는 그들마저 이해하고자 한다. 나 역시 오랜 시간 남을 보고 배 아파하며 자랐기에 그 마음을 잘 안다. 그리고 그러지 않기로 한 뒤로 삶이 바뀌기 시작했기에 그들을 나무라기보다는 설득하고 싶다. 주체적인 삶을 살기로 결심하면서 생겨난 나의 오랜 목표는 '언더독'의 롤 모델이 되는 것이었다. 원하던 대학에 진학해 목표했던 직업까지 갖게 되었지만, 그러고 나서야 의문이 찾아왔다. '과거의 나와 같은 환경에 살고 있는 사람들의 눈에 과연 내가 언더독으로 보일까?' 잘 모르겠다. 그 시절에 상상했던 삶의 모습과 지금의 나 사이에 벌어진 격차를 헤아리려고 하면 할수록 내가 불우했다고 여기는 과거의 척도라고는 가정 환경과 경제적인 사정에 국한되어 있을 뿐. 작은 성취 하나마저 홀로 일궈낸 것이 있냐고 묻는다면 차마 입을 열 자신이 없다.

"당신도 할 수 있다"라는 동기부여를 주기 위해 어느 하나라도 더 도달하려 발버둥 쳐왔다. 그러나 내 성장 스토리가 누군가에게 상대적 박탈감을 느끼게 한다는 이야기를 들었을 때의 상실감은 이루 말할 수가 없다. 오늘날의 사회에는 자신의 실패를 탓할 곳을 잃어버린 친구들이 너무나도 많다. SNS를 잠깐만 돌아다녀 봐도 극적인 성공을 이뤄낸 사례들이 한둘이 아니다. 그들의 인생역전 스토리가 낳은 희망은 모두에게 적용될 수 없는 현실 속에서 오히려 절망을 부추기고 말았다.

처음에는 그들을 동경하며 박수를 쳐주던 이들도 결국 앞서간 자들의 결격사유만을 뜯어내기 급급한 세상이 되어버렸다. 성공 신화를 써냈던 수많은 크리에이터, 인플루언서,

자영업자들이 순식간에 논란과 의혹 아래 무너졌다. 물론 사회적인 물의를 일으켰던 인사들까지 옹호할 생각은 없지만, 사실을 밝혀내는 누리꾼들의 집요함이 오롯이 긍정적인 의도로부터 발현된 것인지에 대해서는 의구심이 생기는 요즘이다.

과열되고 있는 대중의 비판적 시각마저 불가피한 '의아함'으로 치부해 버리고 밀고 나가는 태도는 용기일까, 아니면 시기 어린 객기일까? 이러한 의문 속에서도 내가 움직일 수밖에 없는 자명한 이유는 결국 가만히 있어선 그 무엇도 증명할 수 없기 때문이다.

　　　　　　　　　　　　　　2장 성장하는 사람은 무엇이 다른가

가장 빠르게 성장하는 법, 생산자 마인드

어려서부터 다양한 분야에 호기심이 많았다. 하나를 집요하게 파고들기보다는 여러 가지 고루 아는 것을 좋아했다. 타고난 성향도 어느 정도 영향을 미쳤을 테지만, 나와 비슷한 제너럴리스트의 삶을 추구하는 지인들과 대화를 나누다가 성장 과정에 겪었던 몇 가지 공통점을 발견했다.

먼저 어렸을 때 장난감이 많지 않았다. 나처럼 경제적인 여건이 어려운 친구도 있었고, 놀이보다는 일찍이 학습에 치중하고자 놀 거리를 충분히 제공해 주지 않는 부모님 때문이기도 했다. 그다음은 외동이거나 형제와 나이 차이가 많이 나는 경우다. 외로움을 달래기 위해 다른 무리에게 끼워달라고 부탁하거나 어쩔 수 없이 혼자 노는 일이 잦았는데, 장난감이 없으니 상상력을 동원해 직접 만드는 수밖에 없었다.

나와 비슷한 혹은 앞선 세대의 독자라면 어렸을 때 놀이터에서 근처에 자란 식물과 모래, 비비탄 총알 등을 주워서 식당이나 약국 놀이를 한 경험이 있을 것이다. 처음 만난 친구들과도 서로 역할을 분담해 상황극을 벌였다. 친구들이 다 집에 가고 혼자 남으면 길에서 주운 나무 막대기나 두꺼운 종이에 그림을 그려 만든 장난감을 가지고 돌아다녔던 기억이 생생하다. 마치 RPG 게임을 하는 것처럼 동네를 배경으로 세계관을 구축한 다음 갈색 돌 줍기, 공원에 있는 나무 아래 구슬 숨기기 등과 같은 미션을 만들어 혼자 수행하기도 했다. 요즘 한창 유행하는 증강 현실을 그 시절 이미 상상 속에서 구현했던 셈이다.

상상력이 타고난 건지, 그렇게 놀다 보니 생긴 건지 그 전후 관계는 불명확하나 덕분에 상대의 특징을 빠르게 습득해 흉내 내기에 능했다. 그러다 보니 일찍이 TV와 컴퓨터 게임 같은 것들이 나에게는 단순히 즐길 거리인 동시에 베끼기 좋은 영감의 원천이었다. 매주 일요일 밤에 〈개그콘서트〉를 보고는 이튿날 학교에서 코너를 패러디하며 아이들을 웃겼다. 또 수업 시간에는 연습장에 만화를 그려 아이들이 돌려보게 했다. 연재를 하며 주기적으로 100원, 500원을 내는 친구들한

2장 성장하는 사람은 무엇이 다른가

테는 먼저 읽을 권리를 부여했으니 지금으로 치자면 웹툰의 구독 시스템을 일찍이 차용한 것이다.

특히 사업하는 지인들 중에서도 나처럼 '생산적'이게 어린 시절을 보낸 친구가 많다. 스물두 살 때 브랜드를 만들어 의류 사업을 하고 있는 'CHUCK'의 하성철 대표는 초등학생 때 보험을 만들어 팔기도 했다고 한다. 반 친구들에게 매일 100원씩 걷고는 선생님에게 매를 맞거나 벌을 받을 때, 각 사유에 따라 보험금을 지급해 주었다. TV에서 보던 보험 광고를 따라서 전단지를 만들어 홍보했더니 유행처럼 가입자가 늘어나 매일 2~3천 원씩 두둑하게 동전을 짤랑거리며 다녔다는 것이다. 참으로 기발하지 않은가? 이처럼 우리는 어렸을 때부터 콘텐츠를 소비하기보다는 생산하는 것에서 더 큰 즐거움을 느낀 경험들이 있었다. 그리고 이것은 성장 과정에서 주체성을 기르는 데 강한 무기가 되어주었다.

지금도 무언가 재미를 느끼면 '우와, 어떻게 한 거지?' 싶은 생각이 제일 먼저 든다. 비슷한 걸 내가 할 수 있는 방법은 없는지 궁리하고, 직접 했을 때 사람들의 반응이 어떨지가 너무 기대된다. 우연히 대학로에서 연극을 보고는 연극 동아리에 들어가 공연을 올렸고, 여행의 매력에 빠져 편집을 독학해 여행 영상을 만들었다. 팟캐스트를 듣다 보니 재미를 느껴 클럽하우스에 고민 상담방을 열었고, 개인 유튜브 채널도 지인들의 브이로그를 보다가 시작한 것이다. 지금 당신이 읽고 있는 이 책도 자기계발 콘텐츠를 많이 보다 보니, 나도 나만의 메시지를 전해보고 싶다는 욕구가 빚어낸 결과물이다.

이처럼 내 삶의 전환을 이끌어준 모든 것, 수익을 불러다 준 모든 행동은 전부 '재밌게 이용해 본 소비자의 위치'에서 시작되었다. 마냥 즐기기보다는 배워보고 싶었고, 배운 내용을 나도 전해주고 싶었다. 요즘은 워낙 유튜브에 올라온 튜토리얼이나 유료 강의도 많다 보니 이론적으로 커리큘럼을 쌓는 것도 훨씬 수월해졌다.

그러나 이보다 훨씬 빠르게 관심 분야의 능력을 향상하는 방법은 곧장 '생산자·제공자'의 역할을 맡는 것이다. 무언가를 이용하기에 앞서 '내가 남들에게 제공하겠다는 마음'을 먼저 가지면 된다. 비범하거나 기회가 있어야만 타인에게 무언가를 생산해 제공할 수 있는 게 아니다. 일단 마음을 먹으면 저절로 기회가 보이고 필연적으로 성장하게 된다.

일찍이 스타트업과 개인 사업을 경험하다 보니 규모의 특성상 외부와 협업을 해야 하는 일이 많았다. 그런데 전문가라

　　　　　　　　2장 성장하는 사람은 무엇이 다른가

고 불리는 사람들이 생각보다 전문적이지는 않다는 것에 제법 충격을 받았다. 이를 부정적으로만 보기보다는 나 역시 마음만 먹으면 남들에게 줄 수 있는 게 충분히 많겠다는 자신감으로 받아들였다.

완전히 준비되지 않은 상태에서 무언가를 제공하게 되면 누를 끼치는 게 아니냐고? 그건 맞는 말이다. 그러나 그런 이유로 가만히 있기보다는 보다 좋은 것을 전하고자 하는 방향으로 고민을 하는 편이 성장할 사람의 마음가짐이 아닐까 싶다. 생산자가 되기를 자처함으로써 '내 깜냥이 못 된다'는 걱정을 '실행하지 않는 명분'이 아닌, '필연적으로 성장해야 하는 동기'로 삼는 것이다.

거창함을 갖춰야만 무언가를 줄 수 있다는 고정관념에서 벗어날 필요가 있다. 누구나 할 수 있을 법한 일을 가지고 사업을 키워나가는 이들이 이미 수두룩하다. 한편 충분히 준비되어 있으면서도 실행을 망설이는 사람을 보면 괜히 답답함이 느껴진다. 공부가 부족하다는 이유로, 내공을 다진다며 때를 기다린다지만, '준비와 인내라는 명분'에 지나치게 도취한 나머지 내 기회마저 누군가에게 뺏겨버리기 일쑤다. 적어도 지금 시대에서는 대단한 아이디어나 기획보다 발 빠른 실행

언더독 마인드

력이 귀하다. '저 정도면 나도 하겠다'라든지 '쟤는 쥐뿔도 없으면서 운이 좋아 잘 풀렸다'와 같은 푸념은 하등 쓸모없다. 실행하지 못한 과거를 용납하지 못해 고상한 척 핑계를 대는 잡음일 뿐이다. 당장 행동을 해야 한다.

영상 제작 일을 시작한 지 1년이 채 안 되었을 무렵이었다. 한 HRD 업체로부터 연락이 왔다. 직장인들을 위한 온라인 클래스를 개설해 보자는 제안이었다. 전문가는커녕 맡은 내 일을 공부하기도 바쁜 와중에 누가 누굴 가르친다는 말인가. 어린 나이에 강사 타이틀을 달고 있는 내 모습이 제법 멋질 것 같았지만 영 부담스러운 일이었다. 나는 담당자에게 솔직하게 일을 시작한 지도 얼마 안 되었고, 그전에도 영상을 전문적으로 배운 게 아니라 필요한 부분만 독학했음을 밝혔다. 그랬더니 더욱더 함께하고 싶다는 의외의 답변이 돌아왔다. 어쨌든 짧은 기간에 직업으로 삼을 정도의 영상물을 제작할 수 있게 된 것 아니냐며 나를 설득했다. 틀린 말은 아니었다. 반신반의하는 마음이었지만, 어쨌든 나를 선택한 담당자의 안목을 믿어보기로 했다. 그렇게 매주 퇴근 후 스튜디오에 방문해 반년에 걸쳐 영상 편집 강의를 촬영했다.

수업을 준비하기 위해 직관적으로 익혔던 것들을 하나하나 반추하기 시작했다. 그 과정에서 무심코 지나쳤던 기능들을 짚어보게 되었고, 사용 예시를 설명하는 과정에서 편집시간을 단축해 줄 요령을 몇 가지 새로 발견하기도 했다. '설명하는 공부법'에 대해 들어본 적 있을 것이다. 단순히 혼자 문제를 많이 푸는 것보다는 공부한 개념을 타인에게 설명하는 과정에서 논리가 확실히 정리되고 기억도 오래 남는 효과가 있다고 하는데, 그것과 같은 이치다. 더불어 '효율적으로 편집하는 법을 알려주는 게' 목적이라 했지만 유료로 진행되는 강의다 보니 편집기를 다루는 법에 대한 질의응답도 준비해야 했다. 이를 위해 관련된 책도 사서 읽어보고 외국 크리에이터들이 진행하는 유튜브 강의를 찾아보게 되었다. 덕분에 강의를 준비하는 과정에서 나 또한 편집기를 다루는 데 폭발적으로 성장할 수 있었고, 처음 기획했던 것보다 유익한 내용을 많이 추가하고 완강할 수 있었다.

처음에는 막연히 강사 타이틀만을 기대하며 시작했던 일이었다. 그런데 저절로 공부하게 되면서 기존 제작 업무에도 도움이 되는 것은 물론, 강의안을 기반으로 오프라인 원데이클래스도 운영하게 되었다. 기대치도 못했던 새로운 수익원들이 꼬리에 꼬리를 문 것이다.

언더독 마인드

물론 이 모든 성과는 앞서 강조한 '책임감'을 전제한다. 평상시에는 우리 역시 모든 재화와 서비스를 이용하는 소비자에 불과하다. 그러나 타인에게 무언가를 제공해야 하는 일을 떠맡게 되면 혹여 타인에게 피해를 줄까 싶은 불안감에 휩싸이기 마련이다. 대부분은 이것이 두려워 나서지 않는다. 어느 정도 내공이 다져진 이후 확신이 들 때, 가진 것을 나누는 게 일반적인 수순이다. 그러나 우리는 지금 '남들보다 빨리 배우고 성장하는 법'에 대해 이야기하는 중이다. 평범하게 하면서 비범함을 바라는 것 역시 무책임한 일 아닌가? 결국 모든 것은 책임을 질 때 성장하는 법이다.

일단 책임을 지기로 결심하면 자신을 더 이상 소비자가 아닌 '전문가'의 프레임에 맞추게 된다. 그리고 '사기꾼'으로 전락하지 않기 위해 그에 걸맞은 사람으로 거듭나는 것이다. 생산자의 마인드로 사람들에게 무엇을 더 줄 수 있을지를 고민하며, 나의 부족함으로 인해 남에게 피해가 되지 않겠다는 약속을 지켜나가다 보면 어느새 그럴 깜냥을 갖춘 자신의 모습을 마주하게 될 것이다.

2장 성장하는 사람은 무엇이 다른가

겸손이라는 착각

나다움에 집중하려다 보면 자기중심적인 사람으로 오해받기 십상이다. 그러나 주변으로부터 '독특하다'거나 '자기만의 세상에 산다'는 평을 받는다는 것은 어쩌면 당신이 크게 성장할 가능성을 내포한 사람이라는 긍정적인 피드백이기도 하다. 달라지길 바라면서 남들과 같은 생각과 행동을 반복하는 것은 앞뒤가 맞지 않다. 물론 당신의 목표가 누구나 예측할 수 있는 범위 안에서의 성장이라면 굳이 자신과 타자 사이에 선을 그을 필요는 없다. 예측이 가능하다는 것은 이미 우리가 무의식적으로 목표가 이룰 수 있는 수준임을 짐작했다는 증거이기 때문이다. 그 정도의 목표라면 무리할 필요 없이 앞서 말했던 다른 이들의 사례를 따르는 정도로도 충분하다.

그러나 현실적인 수준을 벗어나 특출나기로 작정했다면

우리는 세상에 혼란을 줄 각오를 해야만 한다. 통념을 따르는 동시에 파격적인 변화를 이끌어내기란 쉽지 않다. 애당초 성공이란 다수를 위한 산물이 아니기 때문이다. 애초에 우리가 지향하는 성공이라는 말 자체가 '비범한 소수'의 특권이라는 뜻을 함축하고 있기도 하다. 보통 사람들보다 내가 비범하다는 우월감을 가지라는 이야기가 아니다. 단지 우리가 무언가에 도전할 때 다수의 시선을 의식하느라 기죽을 필요가 없다는 것이다.

현실적이고 논리적인 조언을 받을 때 그 조언이 당신의 기대를 잠재우려는 뉘앙스가 느껴진다면, 그저 세상 물정 모르는 척 웃어넘기는 게 최선의 대응이다. 진중하게 그 사람의 말을 듣기 시작하면 그는 어떻게든 당신의 삶이 드라마틱하게 바뀔 수 없음을 더욱 증명하려 들 것이기 때문이다. 이때 사회적인 미덕은 그들이 가진 최고의 무기다. 절묘하게 인용된 미덕은 우리의 행동을 어리고 무색한 것으로 전락시키기 쉽다. 가장 대표적인 예시가 바로 '겸손'이다. 매사에 겸손할 줄 알라는 말을 익히 들어봤을 것이다. 그러나 요즘 사회를 보면 그 미덕의 의미가 다소 부적절하게 적용되고 있음을 느낀다.

다음은 겸손의 사전적 정의다. "남을 존중하고 자기를 내

2장 성장하는 사람은 무엇이 다른가

세우지 않는 태도가 있음." 겸손이라는 말 자체가 '나 자신에게 집중하는 것'과는 다소 거리가 있어 보인다. 우리는 지금 잘 살아가기 위한 토대를 마련하기 위한 우선순위로 '나다움'을 확립하기로 정했다. 베풀고, 주변을 돌아보고, 가진 것을 덜어내는 순서는 아직 오지 않았다. 벼는 익을수록 고개를 숙인다지만 우리는 지금 모종도 채 심지 않은 것이다.

겸손은 흔히 덜어냄의 미덕으로 해석된다. 이를 굳이 수치화하자면, 100의 성취를 이룬 사람이 그중 10을 덜어낼 때 멋있어 보이는 것이 겸손이다. 그렇다면 우리는? 100은커녕 이제 첫발을 떼고 10에 머무르고 있는 풋내기가 벌써 깎아내리기 바쁘니 남에게 드러낼 게 단 하나도 없다. 시작 단계에서는 다른 사람에게 에너지를 쏟기보다는 나 자신에 집중할 필요가 있다. 남에게 뽐내지 않을지언정 스스로를 멋지다고 생각할 줄 알아야 한다. 잘 생각해 보면 겸손의 미덕은 깎아내림에서 오는 것이 아니라 다듬어도 넘치는 자신감에서 뿜어져 흐르는 것이다.

당신이 이미 충분히 이뤘다고 생각하는가? 확신에 차 고개를 끄덕이지 못했다면, 아직 덜어내기에는 조급한 시간이라 생각한다.

겸손하는 방법에도 오류가 있다. 겸손은 들뜸을 잠재우기 위한 용도이지 당신의 업적을 무력화하기 위한 게 아니다. 무언가 성과를 두고 이야기할 때 꼭 '아무것도 아니다', '아직 멀었다', '운이 좋았다' 등의 표현을 습관적으로 뱉는 사람이 있다. 잘난 체하지 않으려는 의도는 알겠으나, 이 또한 경솔한 행위다. 당신에게 격려와 칭찬을 보내준 사람의 안목을 무시하는 일이다.

우리의 성과 중 온전히 혼자서만 이뤄낸 것은 단연코 하나도 없다. 내가 하는 일에 직접적으로 관련이 있는 사람들을 비롯해 영적 스승, 부모님, 친구 등 수많은 사람이 당신에게 미친 영향이 분명 존재할 것이다. 그들이 나에게 준 좋은 에너지를 쉽게 저버리지는 말아야 한다. 또한 현재의 당신을 목표로 정진하는 사람들도 있다. 그들 앞에서 아무렇지 않게 당신의 업적을 깎아내리는 태도는 누군가의 희망을 부수는 것과 다름없다. 자기 절제와 배려를 목적으로 한 겸손이 누군가에게 상대적 박탈감을 줄 수 있다는 뜻이다.

무작정 겸손하지 말라는 이야기가 아니다. 스스로 낮추지 않으면서도 충분히 겸손의 미덕을 실천하는 방법이 있다. 앞서 우리가 빼기의 겸손을 이야기했다면, 반대로 더하기의 겸손을 실천하는 것이다. 내 성과와 노력의 정도를 낮게 평가하

2장 성장하는 사람은 무엇이 다른가

는 게 아니라 내가 투입한 노력 대비 나타난 성과에 감사함을 더하는 것이다. 앞서 말했듯 빼기의 겸손은 자칫 기만이 되기 쉽다. 나에게는 꿈같고 어려운 일이 저 사람은 자꾸만 쉽고 별거 아니라고 하면 어떻겠는가. 역시나 될 놈만 되는 거라고 생각하며 포기하게 될지도 모른다.

그러나 감사하는 마음을 갖는다면? 내가 가진 것보다 더 큰 보상이 올 수 있다는 희망을 가지고 진취적으로 도전하게 된다. 나에게도 감사한 일이 발생할 거라는 믿음이 생기는 동시에 그 사람의 노력을 높이 살 수 있을 것이다.

어떠한 상황에서도 표면적인 적을 만들지 말아야 한다. 겸손을 어떻게 표현하느냐에 따라 누구는 시기 질투의 대상이 되고 누군가는 존경받는 롤 모델이 된다.

나의 경우 다니던 직장과 사업을 정리하고 다시 아나운서 시험을 준비하기로 했을 때, 이 사실을 주변에 알리지 않았다. 말해야 하는 상황이 오면 뭉뚱그려 언론 고시를 준비한다고 했다. 평소였다면 내 목표를 당당하게 밝히고 그걸 증명하는 데서 쾌감을 얻었을 테지만 총 15년에 걸쳐 다시 도전하는 꿈이었던 만큼 신중하기로 했다.

아나운서 지망생들 사이에서도 급이 나뉜다. 기본반, 심화반, 합격반 등 아카데미를 수강한 정도부터 시작해 지난 공채 시험에 어느 단계까지 올라갔는지 기간과 경력을 두고 서로의 수준을 비교하는 경우가 많다. 물론 그것이 나쁘다고 생각하지는 않았다. 바늘구멍 같은 합격의 문을 열기 위해 수년을 준비하는 경우가 많다 보니 엄습하는 불안을 다스리기 위한 일종의 전략으로 여겼다. 그러나 그러한 급 나누기는 결국 선발 주자에 대한 예우, 혹은 그들의 불안함을 최소화하기 위한 구분에 불과하다. 한참 후발 주자 입장에서 장수생과의 비교를 통해 얻을 거라고는 '나는 이제 막 시작했으니까', '나는 아직 졸업도 못 했고 학원도 안 다녀 봤으니까' 등 당장의 불합격을 용인할 만한 안일함뿐이었다.

대신에 나는 '나보다 오래 준비한 경력자들 사이에서도 나만이 지닌 장점으로 충분히 빛날 수 있다는 확신'을 되새겼다. 누가 봐도 겸손치 못해 보일 법한 생각이지만 이 확신이 없었다면 지금의 나도 없었을 것이다. 오늘날의 사회는 지나치게 다수를 배려하는 것만을 정의롭게 여기는 경향이 있다. 확신마저 거만한 것으로 치부하며 금기시하는 풍조가 있기에 숨길 수밖에 없다. 원래 자기 확신이란 식물의 뿌리와 같다. 보이지 않는 땅속에서 깊이 뻗어나가 줄기를 지탱하지만, 뭍에 드러나면 마르거나 썩어버린다. 즉 다수의 타인에게 굳이 드러낼 필요가 없다. 자신의 자존감을 드높이기 위한 생각을 다른 사람들과 공유해 봤자 돌아올 반응은 뻔하다.

나의 경우 애당초 부정적 의견에 힘겨워하는 편은 아니지만, 인생을 건 도전인 만큼 일말의 흔들림도 용인하고 싶지 않았다. 그렇게 나를 향한 모든 외부의 소리를 차단하기 위해 나는 철저히 나를 고립시켰다. 굳이 어디 가서 내세울 만한 것이 없음에도 나는 재야의 고수가 될 것이라는 확신을 가지며 나만의 방식으로 시험을 준비했다.

이 글을 보고 나의 몇몇 지인은 조금 충격을 받을 수도 있다. 언제나 유연해 보이는 삶을 지향하는 듯 살아왔기 때문이다. 여전히 나는 겸손을 논할 수준이 되지 못한다. 성장을 위해 나아가야 할 길이 한참 남았다고 생각한다. 익지도 않은 벼가 애써 겸손하려 고개를 숙이는 게 오히려 자만일 수 있다. 굳이 겉으로 드러낼 필요가 없을 뿐 스스로에게는 자신의 자신감을 확실히 각인시켜야 한다.

더불어 사람들을 대하는 처신에서는 겸손해 보이고자 노력할 필요가 있다. 결국 과시는 외부의 저항을 낳기 십상이기 때문이다. 우리가 무언가 자신감을 갖고 실행하는 과정에서 숱하게 저항을 마주할 것을 각오해야 한다. 그럴 때는 앞에서 이야기했듯 나의 성과나 노력의 과정을 낮추는 '빼기의 겸손'이 아닌, 감사한 마음을 갖는 '더하기의 겸손'을 활용하자. 진정한 겸손을 실천하기에 아직 멀었다는 마음으로 성장하되, 외부 사람들에게서 부정적인 에너지를 감지할 때는 겸손한 태도로 응수하는 것이다. 이는 마치 밧줄을 안정적으로 묶기 위해 너무 꽉 조이지 않는 것과 같다. 뭐든 지나치게 힘을 주어 당기다 보면 결국 끊어지고 말듯 내면의 단단함을 갖되, 느슨할 줄 알아야 한다.

2장 성장하는 사람은 무엇이 다른가

양보다 질, 집중에 대하여

겸손에 이어 우리가 한번 다시 짚어보기를 바라는 미덕
은 바로 '노력'이다. 학창시절부터 영상 편집자로 일하던 시
절까지, 나는 엉덩이 싸움이 중요하다는 말만 믿고 숱하게 밤
을 지새우곤 했다. 특히 우리나라에는 최선을 다하고 있음을
육체적 '피로'로써 증명하고자 하는 이들이 너무나 많다. 그
들은 대개 많은 일을 동시에 처리하며, 맡고 있는 일이 끝나
기 전에 새로운 일을 끊임없이 추가한다. 그리고 극도로 스트
레스를 느끼는 상황으로 자기 자신을 몰아넣는 것을 열정으
로 오인한다. 그러나 우리 삶에는 언제나 변수가 나타나기 마
련이다. 급작스레 발생한 일들을 처리하다 보면 하루이틀, 계
획해 둔 과업들이 밀리기 십상이다. 그렇게 며칠 후 돌아봤을
때, 자신이 목표한 과업에 투자한 시간을 평균으로 나누면 그

언더독 마인드

다지 얼마 되지 않음을 깨닫곤 한다.

허탈감이 들기도 하고, 다시 들여야 할 추가적인 노고가 부담스럽게 느껴진다. 그렇게 또 고민과 전략을 세우는 데 시간을 흘려 보낸다. 그러다 문득 주위를 둘러보니 '게똑(게으른데 똑똑한 사람들)'이라 불리는 사람들이 눈에 들어온다. 분명히 남들보다 치열하게 산 거 같은데 앞서 나가지 못했음을 발견하고는 자신의 잠재력에 대한 의구심을 갖는 일이 반복된다. 이것이 바로 '노력이라는 착각'이다.

순간적으로 들인 의지의 크기와 과업을 수행하는 과정에서 받은 스트레스들의 크기만 클 뿐인데, 그것을 내가 남들보다 노력했다고 오인하는 경우가 많다. 정작, 큰 의중 없이 묵묵하게 루틴을 따라온 사람과 비교했을 때, 과업에 들인 절대적인 시간은 크게 다르지 않음에도 피로감에 속아 우리는 보상 심리를 갖고 불공평함을 운운하는 경우가 많다.

우리는 모든 순간에 집중을 유지하지는 못한다. 당신이 과업에 투자한 시간이 곧 당신이 쏟은 에너지와 정비례함을 방증할 수 없기 때문이다. 시간을 기준으로 삼는다면 차라리 그 기준을 시간이 아닌 일자로 계산하는 편이 더 정확하다. '조금씩이라도 꾸준하게'가 갖는 힘이 여기서 나타난다. 우리가

2장 성장하는 사람은 무엇이 다른가

어떤 과업을 시작할 때 초기에는 비교적 높은 집중을 보이다 점차 느슨해지는 흐름을 가진다. 즉, 높은 집중력으로 최소한의 마감 시간 안에 과업을 수행하는 것이 효율적일 수 있다는 것이다.

예를 들어 한 달에 30시간을 투자한다고 했을 때, 하루에 열 시간씩 3일을 꼬박 새우는 것과 매일 한 시간씩 한 달을 꾸준히 수행하는 데 발휘된 몰입의 총량을 비교하자면 후자가 훨씬 유리하다는 이야기다. 물론 아주 단발적인 과업이라면 벼락치기가 통할 수 있다. 그러나 성과의 효용과 지속성 측면에서는 꾸준함의 힘을 무시할 수 없다. 아울러 상대적으로 우리는 벼락치기식 업무 수행을 할 때, 성과에 들인 노력을 과대평가하는 경향이 있다. 밤을 새우고 피로에 전 모습을 한 그들의 속내에는 '내가 졸음과 싸우며 엄청난 고생을 했다'는 데서 오는 보상 심리로 그득하다.

물론 동기부여의 측면에서 긍정적으로 해석할 여지도 있다. 그러나 사람들은 신체적인 무리를 견디는 노력가보다는 에너지를 적게 들이는 것 같으면서도 충분한 성과를 내는 사람에게 천재성을 부여하는 경향이 있다. 이는 성실성과 천재성 중 무엇이 더 사회생활을 하는 데 유리한가에 대한 논쟁거리가 되기도 한다.

이와 관련한 실험에서 재미난 결과가 나오기도 했다. 대부분의 사람이 인터뷰에서는 성실성에 훨씬 높은 가치를 두면서도 정작 헤드헌팅이나 채용을 할 때는 100의 노력으로 100을 성취하는 사람보다는 50의 노력으로 80을 성취하는 사람을 택했다. 상대적으로 단순 반복 업무보다는 혁신을 요구하는 분야일수록 이러한 선택이 두드러졌는데, 비록 저 사람은 충분한 노력을 들이지 않지만, 내가 저 사람의 잠재력을 잘 발현해 주면 그는 50의 노력을 더 들여 훨씬 더 큰 결과를 만들어 낼 수 있을 거라는 기대를 걸 수 있기 때문이다.

같은 맥락에서 지독한 계획형 인간인 나 역시 처음에는 모든 것을 계획하고 싶어 했지만, 점차 그 정도를 줄이기로 했다. 운 좋게 모든 계획이 다 들어맞는다 한들, 내가 계획한 범위 안에서만 성과가 나오기 때문이다. 하지만 내 삶을 뒤바꿔 준, 드라마틱한 성장을 가져다준 변화는 대부분 내가 상상하지 못했던 영역에서 이루어졌다. 그리고 흔히 우리는 그것을 각성 혹은 폭발적 성장이라 칭하곤 한다.

특히 이상적인 목표를 설정할 때는 지나치게 '하우투How To'를 고민하지 않는다. 우리가 무언가를 도전하려 들면 꼭 주변에는 "그걸 어떻게 할 건데?", "무슨 근거가 있는데?", "그건

2장 성장하는 사람은 무엇이 다른가

너무 무리 아니야?" 등과 같이 가능성을 의심하는 이들이 몰려들기 때문이다. 그럴 때 나는 일부러라도 대화 화제를 빠르게 전환하려 노력한다. 우선적으로 나에게는 그들의 의구심을 해소해 줘야 할 의무가 없으며, 나 역시 그 방법을 떠올리는 과정에서 상대적으로 가능성이 적다는 것을 인지하고 포기하는 방향으로 설득되기 때문이다. 근거가 없는 자신감이라고 폄하하는 것에 휘둘려서는 안 된다. 애당초 도전 정신이라는 건 성공할 거라는 구체적인 근거가 없기 때문에 빛나는 것 아닌가. 누가 봐도 달성할 거라 쉽게 예상할 법한 일에 뛰어드는 건 도전이 아니다. 합리적인 선택일 뿐이다. 성취를 이루는 데 자꾸만 무언가를 채워야 한다는 강박에서 벗어날 필요가 있다. 노력은 성취와 상당한 상관관계를 갖지만, 결코 등가교환을 허락하지는 않기 때문이다.

그렇다면 어느 정도의 시간을 쏟는 게 적당한 계획일까? 물론 그 기준에 정답은 없을 것이다. 그렇지만 개인적인 경험으로 미루어보았을 때, 그래도 세 시간 정도는 투자하는 편이 좋겠다. 마치 잠이 들고 깰 때 30분 정도 찌뿌둥함이 있는 것처럼 시동을 거는 데 필요한 시간이 있기 때문이다. 일단 시동을 걸고 나면 무리가 되지 않는 선까지 운행하고 쉬는 시간

언더독 마인드

을 갖는 패턴을 '루틴화'하는 것이다. 그렇게 무리 않고 지속하다 정신을 차려 보니 성취에 가까워지는 것이 이상적이라 생각한다. '그 정도로 어떻게 드라마틱한 변화를 이끌어내겠느냐'고 생각하기 쉽다. 나도 그랬다. 무조건 남들보다 많이 투자하는 것을 성공의 필수 요건이라 여겼다.

그러나 나는 그 '노력이라는 착각'에서 벗어나기로 했다. 우선 일주일, 한 달 정도 적은 시간을 두고 계획을 실행한 후 점점 시간을 늘려나가도 괜찮다. 무리하다 고꾸라지거나 아예 이탈해 버리는 것보다 백배 낫다. 더불어 적은 노력으로도 성취한 것 같은 고효율의 잠재력을 엿볼 기회가 되기도 한다.

내가 '이뤄낸 성취'와 '들인 에너지'를 각각 100이라고 산정하면, 이들은 일대일 대응을 이루지 않는다. 지금의 나를 만들어준 80퍼센트의 성장과 직접적으로 관련된 시간만을 놓고 보면 투자해 온 노력의 20퍼센트가 채 안 되는 수준이다. 이를 놓고 봤을 때 성장을 위해 내린 나의 추후 전략은 에너지를 더 쏟아붓는 게 아니라, 불필요한 에너지를 줄이는 것이었다. 스케줄의 양을 줄이고, 벼락치기로 이뤄냈던 과업들을 더 장기적으로 실행했다. 하루를 이렇게 느슨하게 보내도 될까 싶었던 불안함도 잠시, 숙면과 여가를 늘렸더니 오

2장 성장하는 사람은 무엇이 다른가

히려 집중력이 좋아짐을 금방 실감했다. 과업에 투자하는 시간은 줄었지만, 성취는 오히려 늘어나기도 했다. 주변에서 평가하는 나의 잠재력, 여가를 즐길 시간적 여유, 새로운 것을 언제든 시작할 수 있다는 가능성은 덤이다. 나는 여전히 목표한 바를 이루기 위해 변수를 줄이고자 최대한 계획을 짜는 편이다. 그러나 정해진 루틴 이외 빈 시간을 필히 마련한다.

이렇듯 비움은 내게 새롭게 살아가는 비결이 되었다. 일과 사람을 비롯한 예상치 못한 '마주침'들로 그 빈자리는 절로 채워졌고, 덕분에 나는 굳이 성장이라는 단어에 목매고 싶지 않을 정도로 더 큰 의미가 담긴 삶을 살아가고 있다.

포기할 타이밍

무언가를 시작하기에 앞서 망설이는 가장 큰 이유는 기회비용을 계산해서다. 마치 이 선택으로 인해 내 삶이 나쁜 국면으로 빠지지는 않을까 하는 두려움. 아무리 실행력이 강한 사람이라고 해도 그러한 걱정에서 완전히 자유롭기는 힘들다. 단지 신경 쓰지 않을 뿐이다.

이처럼 무언가를 실행하기에 두려움을 겪는 사람들은 마인드셋이나 특정한 전략을 통해 일시적으로나마 기회비용에 대한 신경을 끌 필요가 있다. 대표적인 방법이 바로, '기한을 정하는 것'이다. 뭐든 시작이 어렵다고들 말하지만, 사실 시작한 뒤에도 불안함은 계속해서 찾아온다. 현실을 마주하다 보면 외려 시작하기 전보다 현실적인 이유로 더욱더 도망치고 싶은 욕구가 생긴다. 그럴 때마다 우리는 맹목적으로 처음

2장 성장하는 사람은 무엇이 다른가

설정한 기한을 무작정 믿으며 두려움을 밀고 나간다는 자신과의 약속이 큰 도움 된다. '이유가 어떠한들, 정해놓은 데까지는 해본다'는 마인드. 그것을 유일한 동기로 삼는 것도 방법이다.

그렇다면 언제까지 해야 하는 걸까? 자기계발 토크 콘서트를 진행하다 보면 도대체 언제 포기해야 적절한지를 묻는 질문자들이 많다. 대체로 일단 시작은 했는데, 시간이 제법 지났음에도 불구하고 좀처럼 진척이 없다고 느끼는 이들이 그러한 질문을 던진다. 뭐든 일단 처음 시작을 할 때에는 새로 배워야 할 것도 많고 도전했다는 사실 자체에 신나서 매진하기 마련이다. 그렇게 어느 정도 시간이 지나고 나면 이러한 성장감은 이내 사라지고 지루한 일상이 반복되기 마련이다. '이런다고 뭐가 달라질까?', '나에게 더 잘 맞는 무언가가 있지 않을까?', '지금이라도 선택지를 바꾸는 편이 좋을까?'와 같은 생각들에 사로잡힌다. 나 역시 그랬다.

아나운서 시험을 다시 결심했을 때 나는 5년이라는 기한을 설정했다. 내가 모아둔 돈으로 버틸 수 있는 최대한의 기간이었다. 매일 아침 6시부터 밤 10시까지 시간표를 세워두

언더독 마인드

고 반복되는 삶을 살았다. 운동 가는 버스에서 학교 수업을 듣고, 수업이 끝나면 카페에서 작문 한 편을 쓰고, 스터디 카페로 이동해 시사 상식 공부를 하고, 저녁을 먹은 뒤 두 시간 아나운싱 연습을 하는 루틴의 연속이었다. 그렇게 반년 정도가 지나니 루틴을 따르는 어려움은 점차 줄어들었다. 매일 하다 보니 속도가 붙기 시작했고 글쓰기나 뉴스 리딩도 조금씩 나아지는 것 같은 기분이 들었다.

어느 정도 익숙해지고 나면 편함과 동시에 또 다른 불안이 찾아온다. 내가 가는 길이 하염없어 보이기 시작했다. 초등학교부터 대학교까지 매년 학년이 올라가며 내공이 쌓이는 것과 달리, 시험에 붙을 때까지 제자리에서 바퀴 없는 자전거 페달을 밟아야만 하는 기분이었다. 목표했던 5년의 기한도 너무 막연하게만 느껴져서 좀 더 세분된 계획을 세우기로 했다.

정영한의 아나운서 도전 플랜

1) 2023년까지는 지상파 시험만 치른다. 그때까지 필기고사를 한 번도 통과하지 못한다면 포기.

2) 이후 2025년까지는 모든 아나운서 시험을 치른다. 지상파 최종 면접에 이르지 못하면 포기.

2장 성장하는 사람은 무엇이 다른가

3) 이후에는 우선 일자리를 구하고 아나운서 시험이 뜰 때마다 응시.

4) 2027년까지 결실을 보지 못하면 모든 일자리를 정리하고 세계 일주를 떠난다.

5) 그렇게 모든 걸 걸고 꿈에 도전했지만 실패를 맞본 여행자가 되어 작가의 삶을 산다.

개괄적인 기한을 정해두고는 각각의 이유를 명확히 했다. 첫 3년 동안에는 지상파 방송국만 시험을 치르기로 했다. 앞서, 나는 필기고사를 합격하기 전까지는 아나운서 시험을 준비하고 있다는 것을 공개하지 않기로 했기에 필기 전형에 집중하던 상황이었다. 따라서 실기 위주로만 전형이 이루어지는 지역사나 케이블 방송사 같은 경우는 경쟁률이 비교적 낮다고 한들 나에게 유리할 것이 없어 보였다. 아울러 방송국의 아나운서 티오는 불규칙적이다. 따라서 아나운서 시험이 열리지 않을 때, 이 시험을 준비한 기간이 기회비용으로 그치게 되는 것을 최소화하기 위한 전략을 세웠다.

내가 추구하는 삶의 가치와 관련된 다른 직군 '기자·피디'로 전향할 가능성도 고려했다. 보통 특정한 직군을 준비하는 최소 기한을 3년 정도라 산정했다. 동시에 일반 사기업에 입사하는 데 나이가 크게 문제 되지 않을 기한이 30대 초반 정도일 거라고 생각했다. 따라서 26세부터 3년, 28세까지 언론사 입사의 기본이 되는 필기고사조차 통과하지 못한다면 내 길이 아니라고 판단한 것이다.

준비 기간이 3년을 넘어서면 신선함보다는 노련함을 무기로 삼는 것이 적절할 것 같았다. 따라서 면접 경험을 늘리기 위해 도전의 범위를 모든 방송사로 확장했다. 더불어 사기업 입사를 비롯한 다른 분야로 전향하는 것에 대한 기회비용이 더욱 커지는 시기이기 때문에, 규모를 막론하고 방송과 관련된 일을 경험해 봐야겠다고 생각한 것이다. 그동안 최종 면접 경험이 생기면, 아나운서 합격에 대한 기대는 훨씬 더 간절해질 것이다. 그러나 30세 이후로는 사회적으로 1인분을 해야 한다는 책임감과 동시에 경제적인 압박이 나의 진가를 발휘하는 데 방해 요소가 될 거라고 짐작했다. 따라서 직종을 막론하고 우선 일자리를 구해 경제활동을 시작하고, 아나운서 채용이 열릴 때마다 그 전형 기간에만 집중해서 시험을 치르고, 최종 기한인 32세가 다가오면 완전히 포기하기로 했다.

이처럼 그럴싸한 계획을 세워두니 공부를 하다 이따금 불안함이 찾아와도 흔들리지 않을 수 있었다. 잠깐씩 노선을 변경할까 싶은 고민이 찾아와도 그저 '또다시 올 게 왔군' 하는 마음으로 정해진 루틴을 따랐다. 당시 내가 생각한 기준은 이렇다. '포기를 고민한다는 건 아직 해볼 여력이 있다는 것.'

진정 그만둘 수밖에 없는 순간이 찾아오면 더 이상 고민하지 않는다. 일말의 아쉬움도 없이 웃는 얼굴로 "이만하면 됐다"를 외치고 내려오게 된다. 한창 시험을 준비 중이던 2020 도쿄올림픽 시기, 동갑내기인 육상선수 우상혁은 나의 생각에 확신을 더해주었다. 최선을 다한 본인의 노력을 인정하고 기뻐하는, 희열을 느끼는 그의 모습은 그 어떤 올림픽 메달보다도 빛났으며, 나에게 성과의 기준은 자신이 정하는 것이라는 교훈을 남겼다. 설사 합격하지 못한다 한들, 내 기준에서 후련함을 느낄 정도의 최선을 다한 순간. 그것이 바로 내가 정한 포기할 타이밍이었다.

계획 세우기에 진심인 편이지만, 그것은 시작할 용기를 갖기 위함일 뿐이다. 이후로는 나의 직관에 따르기로 했다. 우리는 우리의 직관을 너무나 믿지 못한다. 때로는 이유가 없는 것이 가장 큰 이유가 될 수 있다. 일말의 고민이 남지 않는 결정의 순간이 분명히 온다. 프로그램을 진행하다 국가대표 선수를 인터뷰할 기회가 생길 때면 질문지에 없더라도 꼭, 나는

언더독 마인드

선수들에게 자신의 목표와 동력이 무엇인지를 묻는다.

모든 것을 통제하고 운동에 전념하게 하는 그들의 정신력이 어디에서 나올까? 매번 대단한 것을 기대하며 던지는 질문이지만, 그 답은 언제나 '단순'하다. 반복되는 루틴을 유지하기 위한 그들만의 특별한 멘탈 관리법이 있을 거라는 나의 예상은 빗나갔다, 대부분의 운동선수가 매일매일 동기부여를 하는 건 아니었다. "딱히 이유랄 거 없이, 그냥 한다"라는 그들의 말을 뒤로한 채, 늘 숨겨진 의미를 파헤치려고 했다. 그러나 그들에게 영업 비밀 같은 건 없었다. 간단히 생각하지 않고서는 그토록 긴 도전을 지속할 수 없었던 것이다.

생각이란 언제나 컨디션과 감정의 영향을 받기에 이치의 옳고 그름을 매일 따져 버릇하면 언제라도 혼란스러워지기 마련이다. 따라서 우리가 마인드셋을 다질 때에는 마치 복싱 선수들이 계체량을 측정하는 것처럼 가장 관리가 잘 된 최상의 상태에서 의미를 부여하고는 그대로 밀고 나가야 한다. 새로운 생각에 휘둘리지 않고 정진하기 위해서 빠르게 루틴에 익숙해지는 게 중요하다. 일단 시작했다면 그 이후로는 생각이 아닌 직관을 믿어야 한다.

무의식은 결코 우리를 죽게 내버려 두지 않을 것이다. 일단

2장 성장하는 사람은 무엇이 다른가

시작하기 위해 명분과 계획을 세우는 건 좋은 전략이지만, 진정으로 포기할 타이밍은 생각이 아닌 직관에 맡기도록 하자.

결코 당연하지 않은 것

치열함은 나의 자랑이었다. 고생을 미덕처럼 여기는 사회 풍조에 맞춰 살다 보니, 감사한 일인지 착각인지 분간이 어려울 정도로 고통을 견디고 나면 늘 그에 따른 해방감이 보상처럼 느껴졌다. 그렇게 나는 파블로프의 개처럼 성과에 대한 불안이 들 때마다 나를 혹사시켰다. 체력적으로 무리하는 생활이 반복되면서 깨달은 가장 큰 오류가 있다면, 앞서 이야기했듯 성취는 절대적인 양으로 도달할 수 없다는 것이다. 지속 가능한 성장을 위해 건강한 습관이 필요함을 절실히 느꼈다. 그동안 나는 마치 은행에서 대출을 받듯 체력과 기회를 끌어다 쓰고 있었다.

'사당오락(하루에 네 시간만 자고 공부하면 합격하고 다섯 시간 이상 자면 입시에 떨어짐을 이르는 말)'이라는 말만 믿었던 학창

시절에는 적게 자는 사람이 대단해 보였다. 갖은 수면법을 따라 하며 잠자는 시간을 줄였다. 피로에 익숙해지기 위해 애썼다는 표현이 좀 더 어울리겠다. 피곤이 주는 고통을 내 노력의 척도로 삼았기 때문이다. 성인이 되고도 마찬가지였다. 피디로 일할 때는 밤샘 촬영과 편집, 아나운서가 되어서는 하루에 여러 개의 스케줄을 소화하고 숙직실에서 잠드는 나를 보며 모종의 뿌듯함을 느꼈다.

큰 성취를 이루고 싶으니 많은 일을 벌이는 게 최선이라고만 생각했다. 신입 시절에는 퍼포먼스의 질에 대한 자신이 부족한 만큼 양으로 승부하려고 한 까닭도 있다. 여러 과업을 동시에 준비하다 보니 시간은 늘 부족했고, 잠을 줄이는 것만이 최고의 효율을 도출하는 길이라고만 생각했다.

학창 시절부터 성취는 엉덩이 싸움이라고 배워왔지만, 앉아 있는 시간은 잘될 확률을 높여줄 뿐 결과를 보장해 주는 건 아니다. 어떤 일이든 시작 단계에서는 넘치는 의욕으로 투자하는 모든 시간에 비례한 결과를 낼 수 있지만, 이내 자신이 가진 집중력의 한계와 부딪히기 마련이다. 집중이 안 되는 상태를 두고 간절함이 부족해서라고 말하는 사람들도 많다. 나 역시 그들 중 하나였다. 그렇게 "아프니까 청춘이다"라는 말만 믿으며 과로를 일삼았다. 갑작스러운 졸음으로 사고를 맞이하기 전까지는 말이다.

방송을 막 시작했을 무렵 나는 그 어느 때보다 두려움에 휩싸여 있었다. 방송 경력이 없는 초짜라는 사실에 모종의 열등감이 있었던 것도 사실이다. 기회가 주어지지 않을까 봐 혹은 어디서 나를 찾더라도 기대 이상의 역량을 보여주지 못했다가는 좀처럼 다음 기회가 주어지지 않을까 걱정부터 되었다. 이는 어느새 두려움을 넘어 강박이 되었다. 이때, 내가 가진 불안함을 일축해 줄 유일한 비책은 학창 시절과 다름없이 '피로'라고 생각했다.

회사 일과를 마치고는 준비생 시절과 다름없이 시사 상식을 공부하거나 인사이트와 네트워크를 넓히기 위해 사람들을 만났다. 약속이 없는 날에는 어떻게든 나를 노출하기 위해 개인 콘텐츠를 제작했고, 유튜브를 비롯해 다양한 매체의 문을 두드렸다. 이때 남들과 다소 차이가 있는 내 출근 패턴은 많은 활동을 병행하기에 안성맞춤이었다.

새벽 방송이 배정되면서, 나의 기상 시간은 평일 새벽 4시 30분으로 고정되었다. 일어나는 시간은 의무감 때문에 금방

적응할 수 있었지만, 문제는 잠드는 시간이었다. 어이없게 들릴 수 있겠지만 일찍 기상하는 만큼 일찍 자야 한다는 생각을 하지 못했다. 그렇게 평균 하루에 서너 시간씩 자며 반년을 살았다. 당시 주변에서는 나보고 "정말 열심히 산다", "갓생이다"라는 말을 했고, 나는 이 말들을 훈장처럼 여기며 지냈다. 매일 피로와 사투를 벌이는 나의 모습에 취해가고 있었다. 그렇다고 억지로 견디는 느낌은 또 아니었다. 10년을 꿈꾸던 일자리가 아닌가. 매일 눈을 뜨면 회사에 갈 생각에 신났다. 출근길 어수룩한 땅거미는 마치 내가 특별한 삶을 산다는 기분을 선사해 주었고, 좀비처럼 반수면 상태로 꾸벅꾸벅 졸면서 분장을 받다가도 'On Air' 전광판에 불이 들어오면 번뜩 잠이 달아났다. 조용히 책상에 앉아 공부만 하던 시절에 비하면 잠깨는 일이 식은 죽 먹기였다. 그렇게 긴장과 스트레스를 자양강장제 삼아 수면 부족 상태를 감추었다. 반년 정도가 지나갈 무렵 "너 그러다 요절한다", "건강은 좀 신경 쓰면서 해라", "컨디션 조절도 업무의 일환이다"와 같은 말이 들리기 시작했다. 당시에는 이 말들이 칭찬과 격려처럼 들렸다. 사실은 걱정인 줄을 알면서도 멋대로 해석을 달리한 것 같기도 하다. 그리고 머지않아 사고가 나버린 것이다.

야간 당직을 마치고 상갓집에 들를 일이 있었다. 더불어 다음 날 예비군 훈련이 예정되었던 탓에 군복을 가지러 본가에 들러야 했다. 시곗바늘은 이미 새벽 2시를 넘기고 있었다. 새벽 5시까지는 출근해야 하는 터라 눈을 좀 붙이고 어머니 집에서 바로 출근할까 싶었는데, 때마침 주차할 공간이 없었던 게 화근이었다. 내비게이션을 찍어보니 김포에 있는 자취방까지는 불과 20분밖에 걸리지 않았다. 신나는 노래 몇 곡 들으며 밟으면 금방일 거 같았다. 그렇게 "운전 조심하라"는 어머니의 인사를 뒤로한 채 다시 운전대를 잡았다.

분명 하나도 졸리지 않다고 생각했다. 운전을 시작한 지도 얼마 되지 않아 늘 긴장 상태였으니, 졸음운전 같은 건 상상조차 해본 적 없었다. 텅 빈 고속도로, 반복되는 가로등에 최면이라도 걸렸던 걸까. 정신을 차렸을 때 코앞에 가드레일이 있었고 급히 운전대를 틀었지만 한 박자 늦고 말았다. 살짝 스치는 수준이었음에도 너무 빨리 달리고 있었던 게 문제였다. 운전석 쪽 에어백 세 개가 차례로 터졌고 그 충격으로 귀에서 이명이 들려오기 시작했다. 외람된 소리지만, 액션 영화가 참 잘 고증되었다는 생각이 들었다. 뇌를 울리는 '삐' 소리와 함께 슬로 모션으로 여러 생각이 지나쳤다. '망했다', '아, 사고다', '어쩌면 좋지'와 같은 생각은 전혀 들지 않았다. '휴,

2장 성장하는 사람은 무엇이 다른가

다행이다, 나 혼자다', '근데 내가 왜 이렇게까지 살고 있었지?', '사람들의 말이 괜한 걱정이 아니었구나' 등등 나도 어느 정도는 예견하고 있었던 것들이었다. 깜빡 졸아버린 순간을 후회할 새도 없이 갓길로 차를 세웠다.

사고가 난 순간 가장 먼저 든 감정은 슬픔이나 놀람이 아니었다. 그저 감사할 따름이었다. 타인에게 해를 끼치지 않았다는 것, 그리고 사지가 멀쩡하다는 것만으로 세상이 나를 도왔다는 생각이 들었다. 마치 신이 마지막 경고장을 보내준 것만 같았다. 신고할 정신도 없었지만 에어백이 터지면서 자동으로 차량 내 GPS 응급구조 시스템이 발동했고, 연결된 담당자가 나의 안부를 물었다. 통화로 몇 가지 안전 상황 점검이 끝나자 소방차, 구급차, 경찰차가 차례로 사고 현장에 도착했다. 소방과 구급 대원들은 차례로 안전을 확인 후 서명을 받고는 자리를 떠났다. 그리고 마지막으로 도착한 경찰관은 인사하기에 앞서 음주 측정기를 내밀었다. 음주하지 않았음이 확인되자 곧장 충격이 있었던 가드레일로 안내해 달라고 했다. 가드레일의 파손을 살피고 사진을 몇 장 찍고는 대물 배상을 할 정도는 아니니까 차만 잘 고치시라고 하더니 정장 차림에 얼빠진 내 모습을 훑어보고는 "어이구 젊은 친구가, 좀

천천히 살아도 안 죽어요"라는 말을 남기고는 자리를 떠났다. 요절이라는 것이 꼭 과로사를 말하는 게 아니었구나라는 생각이 들었다. 동시에 '내가 언제라도 죽을 수 있다'는 생각을 한동안 잊고 지냈다는 것을 깨달았다.

어이없게 들릴 수도 있겠지만 제법 큰 사고가 났음에도 몸이 멀쩡한 것에 당황한 내가 가장 먼저 한 행동이 뭐였냐면 차에서 빠져나와 곧장 운전석을 들여다본 것이다. 다행히 운전석에는 아무도 앉아 있지 않았다. 그 순간 내가 귀신이 아님에 감사했다.

사고가 난 게 처음이라 뭘 어떻게 해야 할지 몰랐다. 괜히 견인차를 불렀다가 많은 돈을 지불해야 할까 두려웠다. 차에 시동이 걸리는 것을 확인하고는 터진 에어백을 비집고 앉은 채로 천천히 오피스텔 주차장까지 차를 몰고 갔다. 집에 도착하니 새벽 3시가 좀 넘은 시간, 한 시간 뒤에는 방송 준비를 해야 하는데 잠깐 눈을 붙였다가 갑자기 후유증이 올까 두려웠다.

밤을 새우면서 생각을 해봤다. 이 사실을 어디에 알려야 하나. 조금이라도 자고 가라고 걱정하던 어머니는 괜한 죄책감을 느낄 것이고, 회사에 보고했다가는 업무에 차질이 생길

2장 성장하는 사람은 무엇이 다른가

까 봐 걱정되었다. 일단 단독 사고였기 때문에 논란거리는 아니었다. 이제 막 첫 번째 고정 프로그램 배정과 관련한 이야기가 오가는 중이었는데, 괜히 회사 생활에 적응하지 못해 사고가 난 것처럼 오해를 받을까 겁났다. 아무 일 없다는 듯이 아침 방송을 마친 뒤, 보험사에 전화해 차량 수리를 맡겼다. 이런 큰 사고를 지인들에게 비밀로 할 수 있다는 게 다행이면서도 쓸쓸함을 느꼈다. 첫 월급을 받았을 때도 운전대를 처음 잡았을 때도 좀처럼 어른이 된 것 같지 않았는데, 처음으로 어른이 된 것 같은 기분이 들었다. 스스로 책임을 질 수 있다는 느낌은 생각보다 유쾌하지 않았다. 성숙함보다는 고독에 가까웠다.

정신력으로 뭐든 할 수 있다는 마인드는 강인함을 상징하지만, 내 몸과 시간까지 통제할 수 있다는 생각은 오만이었다. 굳이 그런 위험을 감수할 필요는 없었지만, 그러고 나서야 당연하게 여겨왔던 수많은 것을 돌아보게 되었다. 아무도 성장을 강요하지 않았음에도 홀로 희생하고 있던 것들. 건강, 쉼, 즐거움, 소중한 사람들, 10년을 넘게 꿈꿨던 일을 1년도 못 해보고 끝마칠 뻔했다는 상상까지. 그렇게 교통사고는 에어백을 터뜨린 것 이상으로 내 가치관에 큰 충격을 주었다.

이 사건 이후로 시간을 관리하는 기준을 새로이 했다. 줄여야 할 건 잠이 아닌 군더더기 시간들이었다. 무엇보다 건강의 유지를 최우선 순위로 두어야 했다. 이제 막 시작해 보려는 청년들은 무작정 많은 시간을 확보하는 것보다 시간을 잘 쓰는 것이 중요하다. 이것은 집중의 영역이다. 앉아 있는 시간은 결코 결과를 보장해 주지 않는다.

돌아보면 매 순간을 비상등을 켠 채로 살았던 것 같다. 위기 순간을 위해 비축해 놓아야 할 에너지를 무작정 끌어다 썼으니 금리를 망각한 채 고리대에 의존한 셈이었다. 그나마 운이 좋았으니 망정이지 단독 사고가 아니었다면, 1초만 더 늦게 정신을 차렸다면, 사고로 몸을 다쳤다면 상상만 해도 끔찍하다. 삶의 레이스를 조금 앞서려다 실격당할 수 있음을 몸소 깨달았다.

정말 급한 순간을 제외하고는 충분한 정비 시간을 마련해야 한다. 지속 가능한 성장을 꿈꾼다면 휴식을 통해 중간중간 머리를 식혀야 한다. 하다못해 컴퓨터마저도 처음에는 최상의 성능을 발휘하다가도 종일 프로그램을 돌리면 과열로 인해 다운되는데, 인간인 우리의 몸을 지나치게 맹신하는 것은 오만이다. 잊지 말자, 내일 아침에도 눈을 뜰 수 있다는 건 결코 당연한 일이 아니다.

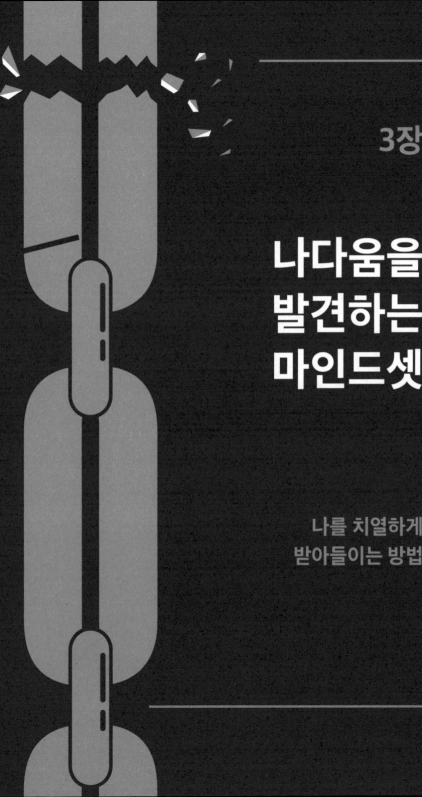

3장

나다움을
발견하는
마인드셋

나를 치열하게
받아들이는 방법

자신의 게으름을
아무리 합리화하더라도
행동하지 않으면
삶은 달라지지 않는다.

나를 인정하고 용서하라

성장은 나 자신을 바로 알고 상황을 긍정적으로 바라보는 것에서 시작된다. 그러나 일단 성취를 이루기 시작하면 우리는 좀처럼 감사함을 느끼지 못한다. 시작 단계에서 두려움이나 외부의 저항을 애써 외면함으로써 성장의 물꼬를 텄다면, 이제 넘치기 전에 수도를 잠글 준비를 해야 한다. 이는 2장에서 이야기했던 겸손을 착각이 아닌 미덕으로 발휘할 적기를 찾아나가는 과정이라고 할 수 있다.

우리는 성장하는 데 급급한 나머지 극복을 간과하는 경우가 많다. 물론, 불안을 야기하는 잡음이 가득한 사회에서 무언가에 몰입하기란 너무나 어려운 일이다. 따라서 암울한 현실을 잠시 뒤로한 채, 가능성에만 집중함으로써 우리는 성장의 궤도에 진입할 수 있다.

그러나 이것은 임시방편으로 그쳐야 한다. 언제까지 내 곁에 도사리는 어려움을 부정하며 자신을 속일 수는 없다. 그대로 돌진하다가는 벽에 부딪히거나 돌부리에 걸려 넘어지기 십상이다. 이제 두 눈을 똑바로 뜨고 앞뒤를 살피며 자신의 길을 나아갈 차례다. 눈앞에 장애물이 있다는 걸 인정하고 피하거나 극복해야 한다.

마주한 현실의 두려움이 처음만 하지는 않을 것이다. 뒤를 돌아보면 이미 내가 수많은 어려움을 극복해 왔다는 걸 알게 되기 때문이다. 장애물은 언제나 곁에 있었다. 덮어두었던 현실, 나의 그림자를 이제는 당당히 마주해 보자. 그럼으로써 우리는 더 성숙한 자신으로 거듭날 기회를 얻을 수 있다.

누구나 마음의 짐을 이고 산다. 그러나 중요한 건 그 짐의 '무게'가 아닌 '시간'이라는 걸 알아야 한다. 지금 읽고 있는 이 책을 양손으로 펼친 채로, 머리 위로 뻗어보자. 그리 무겁게 느껴지지는 않을 것이다. 그래봐야 책 한 권이니 말이다. 그러나 그 자세 그대로 5분이 지나면 어떨까? 점점 힘에 부칠 것이고, 10분이 지나면 팔이 바들바들 떨리기 시작하며, 그렇게 30분, 한 시간이 지나면 팔이 끊어질 것 같은 고통이 찾아오리라는 걸 누구나 예상할 수 있다.

　마음의 짐도 다르지 않다. 제아무리 가볍게 여겨지는 아픔일지라도 무심코 지나치면 세월이 흐르면서 그 뿌리가 내 마음에 깊이 내려 나를 꼼짝 못 하게 묶어버린다. 우리가 계속해서 마음이 호소하는 통증에 귀를 기울여야 하는 까닭이다. 제때 달래주지 못한다면 그 부작용이 '기질'처럼 굳어질 수 있다. 이는 마치 치과에서 충치를 치료하는 것과 비슷하다. 치아는 조금만 썩어도 부식된 부위가 빠르게 번져 신경까지 망가트린다. 이를 막기 위해 이른 시일 안에 충치 부위를 긁어내고 갖은 보완재를 사용해 그곳에 외부 자극이 닿지 못하도록 때우는 것처럼 우리도 아픈 마음을 도려내고 덧씌우는 작업이 필요하다. 여기서 도려내야 할 대상은 어려웠던 상황과 내가 지닌 단점 그 자체가 아닌, 부정적인 인식과 방어기제다. 그리고 그 빈자리를 '힘들었던 시절에 대한 인정', 혹은 '역경을 극복한 나에 대한 격려'와 같은 긍정적인 의미 부여로 새롭게 채워 넣어야 한다.

　이를 위해 부정적인 시간을 돌아보고 내가 지닌 약점과의 인과관계를 연결 지어보는 것은 좋은 방법이다. 이렇게 함으로써 부족했던 생각과 행동들을 적극적으로 개선할 기회를 얻을 수 있다.

사람이라면 누구나 자신이 부족한 점에 대해 방어기제가 작동하기 마련이다. 방어기제는 타인에게 쉽게 상처받지 않으려는 일종의 면역과 같지만, 대개는 나의 단점 자체를 부정하는 방향으로 가기 때문에 성장하는 데 걸림돌이 되기도 한다.

한편 타인이 나의 단점들을 말하기에 앞서 스스로 내가 지닌 아쉬운 점들을 직시할 수만 있다면 추후에 발생할 문제를 해결하기가 훨씬 수월해진다. 자신이 가진 문제 자체에 집중하기보다는 '주체성'에 의미를 부여함으로써 부끄러움을 일축할 수 있기 때문이다. 이는 생각보다 간단한다. 단순히 자신의 행동에 원인을 부여해 그 인과관계를 가정해 보는 것만으로 충분하다. 타인보다 내가 스스로를 제대로 알지 못하는 것에서 발동했던 방어기제의 스위치를 끌 수 있게 되는 것이다. 그렇게 우리는 자신을 헤아릴 수 있고, 더 나아가 타인의 단점도 조금 더 이해해 보고자 하는 넓은 마음을 갖게 된다.

대학 시절 심리학 교양 수업을 듣던 때였다. 존 볼비의 '애착 유형'이라는 개념을 공부하며 방어기제가 강하게 작용함을 느꼈다. 내용을 간단히 설명하자면, 어린 시절의 성장 환경이 그 사람의 평생에 걸친 태도와 삶에 지대한 영향을 미친다는 이론이다. 당시만 해도 나에게는 불우한 환경에서 시작했음에도 하나씩 극복하며 열심히 살았다는 일말의 자부심 같은 게 있었다. 세상은 개척하는 것이고 환경은 내가 하기에 따라 바뀌기 마련이라는 확신을 갖고 힘든 시간을 버텨왔다. 그런데 내 평생의 태도가 이미 어린 시절에 결론이 났다니, 불우한 환경에서 자란 아이는 씻을 수 없는 트라우마를 지니게 된다는 주장을 도저히 받아들일 수 없었다. 설사 그렇다고 한들 극복을 통해 그가 틀렸다는 것을 증명하겠다는 생각뿐이었다.

당찬 포부는 배부름에 무뎌지기 시작했다. 아나운서 합격을 비롯해 하나씩 원하던 목표를 이뤄가는 과정이 더 이상 마냥 즐겁지만은 않았다. 이따금 공허함을 느끼는 일이 잦아졌다. 분명 내 삶과 환경은 내가 바라던 대로 성장하고 있었다. 이에 반해 상대적으로 자존감은 내려가는 듯한 느낌까지 들었다. 그렇게 심적인 방황이 시작되었다. 목표를 위해 1분 1초를 아껴가며 매진하던 때와는 달리, 잡생각에 빠져 몸이 축축 늘어졌다. 잘 나아가던 성장세에 제동이 걸린 것이다. 그토록 좋아하던 사람들과의 만남도 점차 싫증이 났고 자연스럽게 혼자 보내는 시간이 늘어났다. 내가 목표했던 것과 지금

3장 나다움을 발견하는 마인드셋

의 내 삶을 비교해 보며 그 바람을 처음으로 갖기 시작했던 나의 어린 시절을 반추하는 시간을 가졌다.

밖으로 내보였던 밝은 면모들, 즐거움과 열정으로 가득 찼던 모습 뒤로 애써 외면해 왔던 나의 부족한 점들을 냉철히 마주했다. 이따금 튀어나오려 들면 억누르기 바빴던 단점들 말이다. 성장하기 위해 외면하고 숨겨야 했지만 이제는 잠시 멈춰도 괜찮을 것 같았다. 원하는 바를 이뤄가며 어느 정도 자존감이 생겼기 때문에 다소 멋지지 않은 속내까지 털어놓더라도 반갑게 맞이할 각오가 되어 있었다. 그렇게 성장 과정에서 차마 인정하려 들지 않았던 나의 단점들을 하나씩 되짚었다.

나는 남에게 일을 쉽게 맡기지 못한다.

타인에게 좀처럼 의지하려 들지 않는다.

조언을 잘 해주면서도 쉽게 공감하지는 못한다.

체력적으로 무리하는 경향이 있다.

완벽주의적 성향이라 강박을 느끼기 십상이다.

여유를 운운하지만, 속으로 초조함을 달고 산다.

뭘 해도 효용을 따지느라 마냥 즐기지 못한다.

결과에 대한 기대치가 너무 높다. 따라서 가벼운 마음으로 여유 있게 시작하지 못한다.

내 고민을 온전히 타인에게 털어놓지 않는다.

동시에 여러 가지를 인정받고 싶어 한다.

스스로에 대한 통제 욕구가 강하다.

등등 …

여기 적어둔 것은 극히 일부일 뿐 살아가는 데 걸림돌이 될 법한 요인을 상당수 발견했다. 물론 '긍정적 의미 부여'에 익숙해진 덕분에 성인이 된 뒤로는 이것들을 단점으로 치부하진 않았다. 그러나 그 긍정적 치환 과정을 겪었던 어린 시절의 나는 분명 위 사항들로 힘겨워했다. 상황을 어떻게 받아들여야 할지 급급한 탓에 이러한 문제들이 어디에서 온 것인지 생각해 볼 겨를이 없었다. 그렇게 나는 또다시 나의 연대기를 펼쳤다. 나름 '어둠의 버전'으로 새로 쓴다는 마음으로 지나온 시간을 두고 궁리한 결과, 아쉬운 태도를 형성한 가장 타당한 원인들은 그토록 인정하고 싶지 않았던 어린 시절의 어려움 속에 있었다.

자라면서 주변 어른들로부터 '순하다', '대견하다', '똑 부러진다'는 칭찬을 제법 듣곤 했다. 그러나 그건 다 만들어진 태도였다. 불가피하게 방치되는 일이 많았던 어린 시절, 나는 무의식적으로 '타인에 대한 기대'를 저버리고 있었다. '부모님이 나를 돌보러 집에 돌아올 거라는 기대'부터가 일찍이 깨졌기 때문이다.

어머니는 내가 예닐곱 살이었을 때부터 집에 들어오지 못하는 일이 잦았다. 처음에는 서랍장 위에 올라가 창밖을 향해 "엄마, 엄마" 외치며 수 시간을 울어봤다. 지금 생각해 보면 상당한 소음 공해였을 텐데, 어린아이가 늦은 시간에 엄마를 찾는 게 가엾었던 까닭일까. 이를 두고 시끄럽다며 나무라는 이웃은 없었다. 그렇게 조용한 동네의 적막을 깨고 내 목소리가 수차례 메아리쳤음에도 돌아오는 답은 없었다. 어린 나이였지만, 운다고 달라지는 게 없다는 것 정도는 직감할 수 있었다. 그래서 다음으로는 윗집과 아랫집을 두들기며 도움을 청하곤 했다. 그러면 같은 원룸 빌라에 혼자 살던 아래층 이모나 위층 공무원 삼촌이 나를 자신의 방에 들여보내 주곤 했다. 그들은 자신들이 먹던 배달 음식을 나눠주거나 컴퓨터 게임까지 시켜주었다. (갑자기 다른 소리지만, 기억 한쪽에 남아 있는 황제호프 건물 2층 현선 이모와 4층 기호 삼촌, 이름만 어렴풋한 그들 덕분에 지금의 나로 자랄 수 있었음에 감사를 표하고 싶다. 기억을 더듬어 보니 이제 내 나이가 당시의 그들 무렵이 되었다는 사실에 기분이 묘하다. 부디 건강히 잘 지내고 있기를 바라는 마음이다.)

그러나 그들이라고 해서 매번 나를 도와줄 수는 없는 노릇이었다. 두 사람 모두 집에 없거나 손님이 와 있을 때면 혼자 집을 정리하고 잠자리에 드는 일에도 점차 익숙해졌다. 그런 일이 일상이 되자, 어느 순간부터는 혼자 남겨져도 눈물이 나지 않았다. 초등학교도 채 입학하기 전이었던 그 시절의 외로움을 회상하다 보니, 자부심을 가져왔던 나의 장점들의 이면이 보이기 시작했다. 스스로 문제를 해결하는 능력, 용기, 자립심, 근성, 회복탄력성 등등 삭막한 현대 사회를 생존하는 데 필요한 능력들을 제법 갖추고 있음이 스스로 자랑스러웠다. 그런데 이 모든 건 사실 '부모마저 나를 완전히 보살펴 주지 못할 수 있다'는 불신에서 기인한 생존책이었음을 깨달았다. 뭐든지 혼자 해야만 한다는 주체적인 태도였지만, 한편으로는 '타인으로부터 도움을 받는 것에 대한 최소한의 기대'마저 무너진 일종의 사회적 결함이었다. 아울러 어머니가 집에 돌아오지 않는 까닭이 '내가 착한 아이가 아니기 때문'일지도 모른다는 모종의 죄책감에 사로잡혀 있었다.

그래서 일찍이 다른 어른들에게 칭찬을 받는 것에 목말랐고 잘 보이기 위해 애썼다. 그렇게 나 자신의 욕구보다 타인이 나에 대해 가질 생각을 우선시하며 한평생 눈치 보며 사는 데 익숙해졌다. 이 또한 그 사실관계는 불명확하겠지만, 적어도 이러한 가정을 내려봄으로써 어린 시절의 나를 위로할 수 있었고, 더 나아가 나의 단점을 있는 그대로 인정하게 되었다. 그러고 나니 이제 더 이상 과거에 얽매이고 싶지 않다는 욕구가 샘솟았다.

이전까지는 그저 감추고 싶었던 과거였다. 굳이 꺼내어 봐야 달라지는 건 없다는 생각뿐이었다. 그렇게 돌아보기까지 20년이 넘는 시간이 걸렸다. 이제 성인이 되고 그 시절의 어머니와 나, 이웃 사람들을 객관적으로 돌아보니 당시 각자의 삶이 어느 정도는 이해되었다. 희생과 미안함, 아픔, 당시 젊었던 어머니의 인간적인 충동과 이와 반대되는 책임의 무게감을 비롯해 살아가며 겪는 각자의 어려움을 이제 와서야 조금이나마 헤아릴 수 있게 된 기분이었다.

어린 시절 환경에서 비롯된 단점을 인정하고 나니 마음이 한결 가벼워졌다. 과거를 원망하기보다는 감싸 안을 수 있게 되었다. 한평생 가장 큰 단점이라 여겨왔던 '부모를 미워하는 마음'마저 씻겨 내려갔다. 나보다 서른 살 많은 어른이 아닌, 어렵고 어렸던 지금 내 또래 이혼모의 삶이 보이기 시작했다.

언더독 마인드

무엇보다 나 자신을 새롭게 해석할 계기이기도 했다. 원인을 모른 채 애써 외면했던 단점들의 원흉에 인과가 엮이니 납득이 되었고, 어린 시절에 대한 연민은 사라졌다. 아주 개인적인 아픔이었기에 이 책을 읽는 여러분에게는 와닿지 않을 수 있겠지만, 중요한 건 내가 나를 아는 것. 그게 핵심이다. 과거를 잊고 성취에 전념할 수는 있지만 그것이 '나와 이웃을 온전히 사랑하는 길'과는 궤가 다르다는 것을 이제는 안다.

누구에게나 어려운 시절이 있다. 마치 모두가 잘 살고 있는데 세상이 나에게만 가혹한 시련을 주는 것처럼 느껴진다면 그것은 당신 또한 다른 사람의 아픔을 헤아릴 줄 모른다는 방증이다. 나도 남을 모르는데 남이라고 나를 알 겨를이 있겠는가. 따라서 지금 당신이 겪고 있는 역경을 남들이 알아주지 않음을 서러워할 이유도, 지나간 아픔을 외면할 필요도 없다. 우리의 어려움을 진심으로 헤아리고 보듬어줄 수 있는 사람은 오로지 자신뿐이기 때문이다. 결국 내가 나를 인정하고 용서하는 수밖에 없다.

마음의 짐은 여행 배낭과 크게 다르지 않다. 가벼운 짐 하나둘 더 싣고 다닌다고 해서 배낭을 메지 못할 정도로 무거움을 느끼지 않듯 어느 정도 모르고도 살아가는 데는 지장이 없을 것이다. 그러나 수일을 배낭을 멘 채 걷다 보면 서서히 통증이 느껴진다. 도착지에 다다를 무렵에는 허리가 끊어질 것만 같은 고통을 호소하기도 한다. 중요한 것은 짐의 무게가 아닌 짐을 메고 있는 시간이다. 따라서 애써 외면하며 가벼이 여겼던 마음의 짐을 하나씩 꺼내어 곰곰이 돌아보자. 무심코 지나친 오랜 아픔을 더 이상 방치하지 말자. 내가 겪은 아픔을 찬찬히 들여다보고 치유함으로써 앞으로의 삶에서도 끊임없이 마주할 역경들을 헤쳐갈 지팡이로 활용하자.

복수 자아를 형성하라

'주체적인 자신으로 바로 서기', '나의 길을 가는 법', '주변의 저항에 휘둘리지 않는 군건함' 등 요즘의 자기계발서 트렌드는 '강한 혼자가 되는 것'에 초점이 맞춰져 있다. 자기계발이라는 말이 의미하는 바가 '자기 자신'에 집중하는 뜻이다 보니 당연한 방향성이다.

그러나 홀로 세상에 맞서기란 늘 외롭기 마련이다. 나조차도 자존감에 있어서는 남 부러울 것 없이 살아간다 자부하지만, 이따금 내가 어찌할 수 없는 상황들이 들이닥칠 때면 억울하고 당황하는 등 혼란을 겪는다. 세상이 나를 못살게 굴 때면, 우리는 어디선가 내 편이 나타나 나를 도와주기를 바라거나 때로는 그냥 도망쳐버리고 싶은 마음에 사로잡히곤 한다. 마치 분신술을 하듯 내 몸이 여럿이라면 얼마나 좋을까.

여럿이 힘을 모아주거나, 어려운 상황을 또 다른 나에게 맡기고 도피할 수 있다면 말이다. 그래서 나는 나를 늘리기로 했다. 이른바 복수 자아를 형성하는 것이다.

오늘날 우리는 '부캐' 전성 시대에 살고 있다. 하나의 직장에 국한되지 않고 N잡을 뛰는 것이 당연해지고, 잘나가던 연예인과 개그맨들까지 새로운 캐릭터를 만들어서 '본캐'보다 더 큰 사랑을 받는 일이 더 이상 놀랍지 않다. 주객전도라는 말이 무색할 만큼 본캐와 부캐 사이의 경중은 사라졌다.

나 역시 취업을 준비하는 과정에서 다양한 이름으로 불리곤 했다. 대학생부터 여행에미치다 피디, 영상 편집 강사, 카메라맨, 성우, 유튜버, 여행자, 클럽하우스 고민 상담사까지. 솔직히 말해 처음부터 여러 가지를 겸하고 싶었다기보다는 '명분'이 필요했던 까닭도 있다. 일을 하기 위해서는 타이틀이 필요했고, 비슷한 일을 했던 경험을 가지고 내 나름대로 의미를 부여하고 '포장'한 포트폴리오를 만들어야 했다.

다양한 일을 하기는 했지만 자존감은 별개의 문제였다. 뭐하나 확신이 서는 게 없어서 흥미가 생기면 일단 도전하기 급급했다. 그런데 어느 순간 그 작은 활동 하나하나가 합쳐져 빛을 발하는 순간이 왔다. 특별히 의도하지 않았음에도 마치 정

언더독 마인드

해진 일이었던 것처럼 모든 게 어우러져 결과를 만들어냈다.

언제나 성장의 기회는 예상치 못한 넝쿨을 타고 찾아온다. 지금까지도 천 명 대의 경쟁률을 뚫고 아나운서 시험에 합격한 비결을 묻는다면, 나는 "의아한 경력들의 조합"이라고 답하곤 한다. 스펙 과열 시대에는 '상대방이 나의 어떠한 경험을 필요로 할까'를 고민하는 데 그쳐서는 경쟁에서 도태되기 쉽다. 그들이 원하는 것을 넘어 당신이 줄 수 있는 것을 피력해야 돋보일 수 있다. 그러기 위해 일단 마음이 이끄는 것을 최대한 경험하고, 진정성으로 설득하자. 내 차례를 기다리기보다는 내가 가진 것을 세상이 원하게 하는 편이 선택을 앞당길 수 있는 전략이다.

아나운서라는 목표를 이루고 나서도 여러 개의 자아를 유지하고자 노력하기는 마찬가지다. 그토록 바랐던 타이틀임에도 불구하고 만족은 그리 쉽게 찾아오지 않았다. 직업적으로만 놓고 본다면 나는 경험과 능력이 부족한 풋내기 방송인에 불과했다. 공부와 훈련의 양을 늘리는 건 당연지사고 그것만으로는 부족하다고 느꼈다. 마냥 노력한다고 해서 당장 기회가 주어지거나 들이는 시간에 비례해 실력이 올라가는 것도 아님을 직감했다. 그래서 나는 자투리 시간을 활용해 내가 참여할 수 있는 분야를 넓히기로 했다.

　회사에서 배정해 주는 방송 외에 아나운서국 유튜브 채널 '뉴스안하니'에 제작자로 참여하고, 뉴스에서 난데없이 춤을 춰버렸다가 '춤추는 아나운서'라는 타이틀도 얻게 되었다. 이때 몇 차례 예능에도 출연하게 되면서 '아, 영한이가 아예 예능 쪽으로 방향을 틀었구나' 하는 주변의 눈초리가 느껴졌다. 그러나 아직 방향이 굳어지기에는 너무 이르다고 생각했고, 잘할 거라는 확신도 없었다. 우선 다양한 장르에 참여할 기회를 얻고 가장 나에게 잘 맞는 옷을 찾아야겠다고 결심했다.

　처음 '춤추는 아나운서'로 조명을 받기 시작할 때, 아나운서로서의 이미지가 너무 가벼워지는 게 아닐까 염려되기도 했다. 그래서 나의 정체성을 더욱 철저히 구분했다. 얼굴이 드러나지 않는 녹음 활동을 할 때는 최대한 진중한 느낌을 전하고자 노력했다. 그렇게 〈피지컬: 100〉, 〈피의게임 2〉 같은 서바이벌 프로그램 진행을 비롯해 시사교양 분야에도 기회가 열리기 시작했다.

　입사 초기인 만큼 생각보다 나의 쓰임이 적어 스스로 낙담할까 봐 두렵기도 했다. 그래서 회사 밖에서는 이 책을 집필하는 것을 비롯해, 동기부여나 자기계발 분야의 콘텐츠에 출연할 기회를 늘렸다. 아울러 여행 크리에이터로서의 정체성도 잃고 싶지 않았다. 퇴근 후 여가를 즐길 때는 맛집과 카페들을 찾아다니는 개인 유튜브 채널도 운영하고 있다. 지금은 조금씩 키워나가는 수준이지만 언젠가는 분명, 또다시 이러한 다방면의 활동이 내 방송에도 긍정적 영향을 미칠 거라는 모종의 기대를 하고 있다.

장인처럼 한 가지 분야를 깊이 있게 고수하는 것도 존중하기에 이를 두고 좋고 나쁨을 구분하는 것은 무의미할 것이다. 다만 같은 분야라고 하더라도 세부적으로 살펴보면 그 안에 여러 역할이 나뉘어 있기 때문에 최대한 다양한 영역에 몸담아보는 것이 중요하다고 생각한다.

경험해 보지도 않고 적성을 찾는다는 건, 다짜고짜 병원에 찾아간 다음 어디가 아파서 왔냐는 의사의 문진에 "건강이 안 좋아서 왔습니다"라고 답하는 것과 다를 게 없다. 그렇게 되면 내 몸 상태가 어떤지, 어떤 약을 먹어야 좋은지 좀처럼 처방을 내려주기가 참 난감하다. 열은 있는지, 속이 안 좋은지, 기침은 하는지 등등 세부적인 사항을 참고해야 정말 나에게 필요한 선택지를 바로 솎아낼 수 있다. 나 역시 그렇게 다양한 영역을 오가며 활동한 덕분에 훨씬 많은 기회를 얻게 되었다. 매일 새롭고, 지루할 틈 없이 골고루 성장하는 기분에 살아 있음을 느낀다.

단순히 성장의 측면을 넘어 복수 자아를 형성하는 것은 스스로를 지키는 데도 효과적이다. 때때로 나의 노력과는 별개로 결괏값이 좋지 못한 날을 마주하기 마련이다. 물론 실패의 쓴맛을 곱씹으며 성찰의 시간을 갖는 것은 중요하지만, 그 시간이 길어질수록 부정적인 감정에 잠식되기 쉽다. 딱 필요한 만큼만 아파하고는 다른 영역으로 에너지를 분산할 필요가 있다.

가령 나의 경우 회사 일이 좀처럼 잘 풀리지 않을 때 스스로 자책하기보다는 유튜브, 인터뷰, 글쓰기 등등 다른 분야에 일부러 더 집중력을 분산한다. 나의 자아를 크게 네 개로 분류했을 때, 이 네 가지에서 모두 최악의 퍼포먼스가 나오는 경우는 드물다. 어느 한 분야에서 두각을 나타내거나 효용감을 느껴갈 무렵, 자연스럽게 문제가 되었던 본업이 돌아보면 사실 그다지 심각한 일이 아니었음을 깨닫는 경우가 적지 않다. 잠깐 다른 자아로의 도피를 통해 잘 풀리다가도 막히기를 반복하는 과업의 변동성에 유연해지는 훈련을 하는 셈이다.

일부러 신경을 끄는 연습을 하는 것이 핵심이다. 그렇다고 굳이 새로운 영역의 '부캐'를 만들어야 한다는 강박을 가질

언더독 마인드

필요는 없다. 이미 주어진 과업만으로도 하루가 모자란 이들이 수두룩함을 안다. 그렇다면 '더하기'가 아닌 '나누기'를 통해 복수 자아를 형성해 보자.

직장을 다니다 보면 내가 이 일에 적합한 사람이 아닌가 싶은 고민이 들 때가 있다. 일반적으로 사람의 부정적인 생각은 전이 속도가 빠르기 때문에, 더 나아가 '나라는 사람 자체가 너무 별로'인 것처럼 여겨질 수 있다. 이럴 때일수록 '나는 별로다'는 포괄적인 문제 인식에서 하나씩 질문을 해보는 것이 필요하다.

왜 당신은 별로인가? 일을 잘 못하기 때문이라고 가정해 보자. 나의 경우 아나운서로서의 자질이 부족하다일 것이다. 좋다, 당신은 가장으로서의 역할, 누군가의 친구 혹은 애인으로서의 역할, 동호회 구성원으로서의 역할 중 회사 생활에서만 부족했을 뿐이다. 그렇다면 직장 내에서 무엇이 문제인가? 나는 뉴스를 잘 못 하는 거 같다. 그러면 아나운서의 역할은 뉴스가 전부인가? 뉴스, MC, 내레이션, 중계, 현장 리포트, 라디오부터 시작해 방송 외에도 조직 생활, 기타 업무 등등 중 뉴스만 그르친 것 아닌가. 그렇다면 어떤 뉴스에서 문제가 발생했나? 뉴스도 TV 뉴스, 라디오 뉴스, 특보, 대담 등 다양한 종류가 있지 않은가. 라디오 뉴스에서 원고를 읽는 데 발음 실수를 한다. 실수가 반복되는 일인가? 그렇다면 주로 어떤 기사들에서 실수가 발생하는가? 익숙하지 못한 학술용어가 많은 과학 관련 기사에 취약하다. 과학 중에서는 어떤 분야인가. 군사? 우주? 아울러 매번 실수하는 건 아니지 않은가.

이처럼 스스로 부정적인 감정을 과장하고 있음을 보여주는, 꼬리에 꼬리를 무는 질문을 던지는 것이다. 굳이 묻지 않아도 당연히 아는 것 아니냐며 가볍게 생각하기 쉬운 일이다. 그러나 빈 공책이나 넓은 종이 한 면에 앞서 소개한 과정을 적어가며 계속해서 가지를 쳐보라. 나를 괴롭혀 온 심각한 문제가 사실은 나의 일상을 이루고 있는 수많은 요소 중 고작 몇 개일 뿐이라는 것을 직시하게 될 것이다.

우리는 던져진 세상에 홀로 맞서야 하는 고독한 운명이다. 각자의 사정이 있고 그것을 스스로 해결해야만 의미가 있는 일도 존재하기 마련이다. 하지만 나만 놓고 보더라도, 자신의 역할을 펼쳐놓고 한 발짝 멀어져 바라보면 많은 요소로 세분화된다. 이처럼 인생이 복잡함의 연속이라는 걸 받아들임으로써, 우리는 일희일비하지 않는 단단함을 가질 수 있다.

당신은 나무가 아닌 숲이다. 모든 문제를 파고들고 맞서려하지 말자. 두려움에 힘이 들 때는 도망치는 것도 전략이다.

2보 전진을 위한 1보 후퇴다. 직면한 상황에서 심리적으로 벗어나 제삼자의 시선에서 자신이 처한 상황을 관조해 보자. 그 어떤 좌절도 점 하나에 불과하기에 나를 무너뜨릴 수 없고, 하나의 성취에 거만해질 이유도 없다는 걸 깨닫기를 바란다.

흔히 인생을 달리기에 비유하곤 하는데, 그 기나긴 코스로부터 찾아오는 고통을 오롯이 홀로 인내해야 할 의무 같은 건 없다. 복수 자아의 계주 팀을 꾸려라. 여러 자아가 바통터치를 하며 이어달리기를 한다고 생각해 보는 것이다. 그러면 나는 달리는 동시에 쉴 수 있으며, 멈춰 있는 동안에도 성장할 수 있다. 강박을 버리자. 언제나 100퍼센트의 저력을 다하기란 불가능하다. 무리하다가는 상처를 입거나 고꾸라지는 법이다. 우리의 목표는 기나긴 트랙을 완주하는 것임을 잊지 말자.

고평가가 주는 두려움

끊임없이 나의 가치를 드높이고자 노력했지만, 이따금 나에게 거품이 낀 것처럼 느껴질 때가 있다. 실상은 이렇지 않은데 남들이 나를 고평가해 주는 느낌. 좋게 봐주는 것은 대체로 감사한 일이지만, 가짜가 된 것만 같은 부담이랄까. 정확히는 타인의 기대에 미치지 못한 실상을 마주했을 때 나에게 실망할까 봐 두려울 때가 있다. 특히 직업이 생기고 보수를 받게 되면서 이러한 자괴감을 느끼는 빈도가 늘어났다.

첫 직장에서 이제 막 일을 배우며 출장을 다닐 때의 이야기다. 공짜로 여행을 다니고, 심지어 돈을 받으면서 사진과 영상을 찍는 게 일이라니 표면적으로는 부러움을 사기 좋은 직업이었다. 실제로도 너무나 만족스러웠다. 아나운서가 된 이후도 마찬가지다. 나는 살면서 단 한 번도 내가 택한 직장과 직업을 후회한 적이 없다. 애초에 내 돈 들여가면서라도 하고 싶을 법한 일들만 추려서 진로를 고민했다. 성인이 되면 대부분의 시간을 일하며 보낼 텐데, 직업 선택의 이유가 '돈'에 국한되면 더 많은 봉급을 받는 사람들보다 상대적으로 내가 열위에 있다고 느껴질 게 뻔했기 때문이다. '즐거움', '보람'과 같이 감히 가치를 판단할 수 없는 요인이 주가 되어야 사회에 만연한 비교의 프레임에서 벗어날 수 있다고 생각했다. 그래서 나는 지금까지도 '돈 많은 백수', '적게 일하고 많이 버는 것'을 추구하는 삶에 쉽사리 공감하지는 않는다. 좋아하는 일을 하지 못하는 것만큼 불행한 게 없다고 생각하기 때문이다. 아무 일을 안 해도 되는 사람보다는 삶의 마지막 순간까지 하고 싶은 일을 직업으로 삼는 사람, 그것이 내가 추구하는 직업관이다.

그런 일을 직업으로 삼았다고 해서 매 순간이 행복한 것만은 아니다. 내가 느끼는 즐거움이 극에 달하고 여기에 더해 남들에게서 큰 기대나 높은 평가를 받게 되면 새로운 걱정이 시작된다. 이상하게도 나는 나만 좋아서는 좀처럼 만족이 안 된다. 사람들의 기대에 부응해 줘야 할 것만 같은 모종의 부담감이 생긴다고 해야 할까.

첫 직장에서 나의 주된 업무는 여행지를 추천하는 영상을 만드는 것이었다. 솔직히 말해 모든 여행지가 아름답고 좋았던 건 아니었다. 이동하는 수고와 비용을 고려했을 때 지인에게 차마 추천해 주기 민망한 곳도 있었다. 그렇게 일말의 가책과 민망함을 느끼다가도 일이니까 해야 한다는 생각으로 카메라를 들어 올리는 순간, 이게 무슨 일인가 싶을 만큼 앵글에 담긴 뷰파인더 화면이 실제보다 제법 그럴싸했다. 일단은 안도의 한숨이 나왔다. 클라이언트는 만족할 만한 영상이 나오겠구나 하는 생각에 적어도 회사에서 꾸중받을 걱정은 사라졌다.

제작 예산이 충분치 않다 보니 빨리빨리 이동하며 최대한 많은 장소를 촬영하고 그럴듯한 부분만 짜깁기해야 했다. 이처럼 여행지의 극적인 장면들만 슬쩍 보여줌으로써 가보고 싶은 생각이 들게 하는 것. 한마디로 뻥튀기를 하는 것이 나의 임무였다. 날씨를 비롯한 변수에 따른 순간순간의 고민도 잠깐. 회삿돈으로 관광지를 탐방하며 맛집 여러 곳을 돌다 보면 이만한 신선놀음이 없었다. 영상 편집도 원활하게 이루어져 만족이 차오를 무렵, 역시나 새로운 걱정이 찾아왔다. '영상을 보고 사람들이 사기라고 생각하면 어쩌지?'

당시 회사의 페이스북 페이지만 하더라도 200만 명이 넘는 여행자들이 팔로우하고 있었기에 분명 그곳을 가본 사람들이 있었을 것이다. 실상을 아는 사람들이 항의하면 어쩌나, 내 영상을 보고 간 사람들이 실망하면 어쩌나 싶은 두려움을 가득 안고 업로드 버튼을 눌렀다. 소중한 사람과 추억을 쌓기 위해 시간과 돈을 들여서 가게 될 텐데, 더 좋은 여행지를 고를 수도 있었을 텐데 등 타인의 기회비용을 생각하니 마음이 너무 괴로웠다. 영상이 올라가고 사람들의 댓글이 달리기 시작했다. '@친구이름' 태그부터 시작해 저곳을 방문해 보자는 사람들의 기대가 줄지어 이어졌다. 영상이 만들어낸 이미지의 환상이 사람들의 마음을 움직인 것이다. 늘어나는 댓글들 사이 한 문장이 적잖은 충격을 주었다.

"와, 영상으로 봐도 이 정도인데 실제로 보면 얼마나 예쁠까? 빨리 휴가 쓰고 가고 싶다."

실물보다 잘 담긴 영상(1차적 환상)을 두고 사람들은 더 나은 실물(2차적 환상)을 기대한다. 이제는 각종 보정이나 편집을 두고 의심하는 사람들이 점점 많아지고 있지만, 여전히 사람들은 미리 보기보다 더 완벽한 원본을 기대한다. 내 작업물이 제 역할을 했다는 뿌듯함 한편으로 미안하기도 했다. 차라

3장 나다움을 발견하는 마인드셋

리 영상만 보고 방문하지는 않았으면 좋겠다는 생각까지 들었다. 그러나 이미 다녀온 사람들의 고증을 피할 수는 없었다. 하지만 이 역시 예상치 못한 반응이었다.

"@○○○, 와! 우리 갔던 데 나왔다. 여기 진짜 예뻤구나. 기억 나? 추억 돋네."

그들이 본 실상이 나와 달랐는지는 모르겠으나, 여행지를 평가하기보다는 모두 각자의 추억을 회상하기 바빴다. 어렴풋해지던 그들의 기억은 영상과 함께 되살아났다. 촬영 당시에 별로였던 건 어쩌면 여행지의 실물이 아닌 내 마음이었을지도 모르겠다는 생각이 들었다. 사람들의 긍정적인 반응 덕분에 나는 내 일에 더 자부심을 갖고 즐기게 되었다. 효용만을 따졌던 나를 돌아보게 되었다.

그동안 나는 내가 만든 영상의 목적을 '실질적인 여행에 도움을 주는 것'이라고 한정했다. 하지만 당장 내가 만든 콘텐츠를 소비하는 사람 중 그 여행지에 직접 가보는 사람은 몇 명이나 되었을까? 페이지에 올라오는 영상마다 댓글을 달고 함께 가자며 친구를 태그하는 사람의 피드를 들어가 보면 정작 자신의 여행을 기록한 게시글은 기껏해야 1년에 두세 개가 채 안 됐다.

모든 구독자가 여행을 일삼는 세계 여행자는 아니었다. 취업과 사회생활에 고군분투하는 2030이 주를 이루는 팔로워들에게 여행에미치다 페이지는 정보가 아닌 가능성의 창구였다. 공유되는 일반인들의 여행 이야기를 보며 '나도 저렇게 떠날 수 있고, 떠나야겠다'는 기대를 품는 것이었다. 그렇게 자신이 여행하는 날을 혹은 여행했던 날을 상상하며, 반복되는 하루에 의미 부여를 하는 모습이 보이기 시작했다. 그 후로 나는 영상을 만들 때, 조작하지 않는 선에서 최고로 괜찮은 느낌을 보여주도록 더욱 고민했다.

아나운서가 되고도 방송에서 멘트나 이미지를 선보이는 데 최대 과제는 자연스러움이다. 그러나 자연스러운 것이라는 게 꼭 '100퍼센트 있는 그대로'를 의미한다고 생각하지는 않는다. 그냥 무작정 편하게 한다고 해서 솔직한 게 아니다. 그건 꾸밈이 없는 게 아니라 성의가 없는 것에 가깝다. 억지로 지어내지 않는다는 전제하에 무엇이 되었든 내가 발현할 수 있는 최상의 모습을 꺼내줄 필요가 있다는 것이 내가 내린 결론이다.

일단 성취의 궤도에 올라서고 나면 타인의 인정에 따른 감사함을 넘어 오히려 고평가되는 듯한 순간들을 마주하게 된다. 감지덕지한 환경에서 찾아오는 배부른 우울함은 성장하는 이들이 심도 있게 고민해 볼 또 다른 문제다. 인정받지 못하거나 저평가되는 억울함 못지않은 허탈함을 자아내기 때문이다.

이러한 타인의 기대와 현실 사이의 괴리감은 흐린 눈으로 보면 나를 거짓된 존재로 치부하게 만들기 십상이다. 그렇게 스스로를 부정하고 의심할 우려가 있다. 그러나 이러한 상황을 긍정적인 시선으로 보면 의미를 부여하기에 더할 나위 없는 기회가 된다. 자신이 가진 것에 비해 부풀어진 환상이 다소 부담스러울 수 있지만, 그럴 때는 타인의 안목을 믿어보는 것이다. 설사 자신이 타인의 평가에 못 미친다고 생각할지언정 다른 사람들이 나에 대해 생각한, 높은 평가를 나와 어울리는 성장의 범위라고 해석할 수도 있지 않을까. 혹여 그 격차를 당장 좁히지 못해 수군거리는 이들이 나온다 한들, 그들의 안목이 틀렸거나 내가 그 정도를 달성하기까지 기다려줄 인내심이 모자랐을 뿐, 전적으로 내 잘못이 아니다. 실망감을 주었다는 괜한 자책에 빠지지 말고 나만의 속도로 간극을 좁히면 되는 것이다.

고평가와 현실의 간극이 좀처럼 좁혀지지 않는다고 해서 마냥 다른 사람의 안목을 탓하며 안주하지는 말자. 그보다는

언더독 마인드

타인의 기대에 부응할 유효기간을 늘려보는 것도 방법이다. 나 같은 경우는 사람들의 기대가 나의 이상보다 클 때, 내 위치가 그 정도에 다다르지 못했음을 인정하고는 대놓고 응원과 격려를 요청하는 편이다. '여러분이 그렇게 봐주시니 뭔가 나에게 잠재력이 있는 것 같은 기분이 든다. 당신의 안목이 틀리지 않았음을 증명할 수 있도록 착실히 성장하겠다'라고 선언하거나 어떤 부분을 보고 나의 비전을 그렇게 평가하는지 조언을 구한다. 그 과정에서 내 편이 만들어지기도 하고, 도움을 받게 되면서 기대치 못했던 지름길을 발견하기도 한다.

결국 타인의 평가는 그들의 몫이다. 귀를 닫기 어렵다면 차라리 그들을 조력자로 만들어 의미 부여를 해보자. 우리를 높이 평가해 준 사람들에게 부담스러움을 드러내면 그들은 실망하거나 미안함을 느낄 테지만, 감사함을 표현한다면 응원과 함께 우리의 성장을 지켜봐 줄 것이다. 고평가를 두려워하지 말고 우리의 발전을 위한 일이자 타인의 안목을 증명해 줄 동기부여의 기회로 당당히 마주하자.

지속 가능한 성장의 사이클

앞선 1, 2장에서 그토록 진취적인 생각의 방향성을 주장하다가 갑자기 여유와 무의미를 운운하려니 조금은 힘이 빠지는 감이 있음을 인정한다. 그러나 내 성장 과정에서의 사고방식을 있는 그대로 공유하고 싶은 마음을 헤아려주기를, 또 앞으로 나아갈 방향을 같이 고민해 주기를 바라는 마음이다.

내 그릇이 작은 탓인지 몰라도 나는 무한한 성장 가능성에 대해 끊임없이 의심하고 고민한다. 의아한 부분은 그러한 의심이 시련을 겪는 과정이 아닌, 감사하게도 삶의 만족에서 나타난다는 것이다. 더 이상 발전하지 않고 만족하는 것을 나의 최우선 가치로 삼을 생각이 없어서일까. 역시 나에게 '디폴트'는 성장이다.

지속적으로 성장하려면 예기치 않게 벌어지는 문제와 상황에 주체적으로 대응해야 한다. 다시 말해 어떠한 문제를 두고 나다운 방식으로 헤쳐나가는 힘을 길러야 '지속 가능한 성장'을 이뤄낼 수 있다. 그렇다면 지속 가능한 성장 사이클은 어떻게 하면 만들 수 있을까?

우선 나에게 일어나는 문제를 다르게 볼 필요가 있다. 즉 '부정적인 것'이 아닌 단순히 주어지는 '상황'으로 인식하는 것이다. 감정에서 최대한 벗어나 더 나은 방향으로 나아가기 위한 생각과 행동을 선택하도록 말이다. '해결해야 한다는 생각'을 하는 순간 상황은 심각한 문제로 와닿게 된다. 그렇게 되면 최선의 선택을 해야 한다는 부담감으로 인해 사고의 폭이 좁아진다.

우리가 다른 사람들의 고민에 내 것보다 수월하게 해결책을 주는 것도 같은 이치다. 사실 사람들은 남의 일을 생각보다 중요하게 여기지 않는다. 한편 자기 자신에 일에는 지나치게 의미를 확대 해석하는 경향이 있다. 그것에서 벗어나 마치 다른 사람의 문제를 바라보듯 상황을 마주보는 것이 '대응'이다. 이를 위해 성장의 시작 단계에서는 철저한 자기 객관화를 통해 나를 바로 알고, 계획을 세워 정진할 필요가 있다. 그렇

　　　　　　　3장 나다움을 발견하는 마인드셋

게 성취 경험을 하나둘 쌓아가며 스스로 주체성에 대한 자신감을 얻는 것이다. 나는 이 시기를 '실행기'라고 명명하기로 했다.

그렇게 지향하는 목표가 점차 커지게 되고, 마주하는 세계가 점차 넓어지다 보면 내가 한없이 작아짐을 느끼게 되는 순간이 온다. 다음에 이룰 성취는 너무 멀게 느껴지면서도 막상 이룬 것을 돌아보면 별거 아닌 것만 같은 '과도기'다. 이때 흔히 이야기하는 번아웃과 슬럼프에 취약해지기 쉽다. 나 역시 지금 그 단계를 겪고 있다. 나는 이 시기를 '꺾일지언정 부러지지는 말자'는 마음가짐으로 이겨내기로 했다. 과업의 빼어난 성과보다는 무사히 매듭짓는 것 자체에 초점을 두고 효율에서 벗어난 시간을 늘렸다. 한마디로 평가받을 여지가 없는 활동들, 문화생활을 하기 더없이 좋은 시기다.

전시나 공연을 찾아다니고 여행을 떠나며 새로운 공간과 사람들을 마주함으로써 '낯섦'을 최대치로 느낀다. 사람들을 만날 만큼의 에너지가 부족하거나 여건이 어렵다면 독서로도 충분하다. 독서야말로 시대에서 인정받는 사람들을 쉽게 만나고, 그들이 세상에 전하는 메시지를 고스란히 느낄 수 있는 최고의 수단이기 때문이다. 무조건적으로 내용을 받아들이는 것이 아니라, 공감점과 의문점을 기록하며 읽는다면 그 것만큼 훌륭한 대화의 장도 없다.

그렇게 새로운 자극과 영감을 수용하다 보면 자연스럽게 일상에서 받던 스트레스가 상대적으로 줄어듦을 경험하게 된다. 이러한 시기를 실행기를 겪으면서 느끼는 허전함을 채우는 '완충기'라고 명명했다.

이때 새로운 자극이 지나치게 많아지다 보면 자아가 흔들릴 수 있다. 그래서 일정 기간 외부의 자극을 최소화한 채로 온전히 나와 대화하는 시간을 갖는다. 조금은 무료하고 어색할 수 있지만 지인들과의 만남을 줄이고 내가 썼던 일기를 돌아보는 등 나와 직접적으로 관련된 것들에만 시간을 투자한다. 이 시기는 새롭게 유입된 자극들을 다듬어 기존의 나의 것과 어우러지게 한 다음 새로운 시작을 준비하는 '반추기'라 명명했다.

앞서 이야기했던 나의 연대기나 복수 자아를 비롯한 성장의 전략을 점검하는 시간이라고 생각하면 쉽다. 특히 외부의 자극이 다소 부정적으로 와닿거나 주변에 나를 저해하는 사람들로 인해 어려움을 겪는다면 완충기를 짧게 가져가도 괜찮다. 주체성을 형성하는 데 가장 중요한 건 자기 자신과의 대화이기 때문이다.

　나 같은 경우는 20년이 넘는 시간 동안 '실행기'를 가장 중요시하며 살았다. 성장을 막 시작하는 단계에서는 아무리 주체적인 면모를 갖추려 노력해도 나의 판단 기준이 될 만한 근거들이 모자라기 때문에 작은 성취를 늘리는 데 최선을 다했다. 사회에서 요구하는 객관적인 경쟁에서도 최선을 다해보는 것에 대한 효용은 확실히 있다.

　한국 사회의 경우에는 학업 성적이 대표적이다. 내가 공부를 시작하게 된 계기는 우습게도 '심심함'에 있었다. 초등학교 5학년 즈음이었다. 그 누구의 간섭도 없었기 때문에 학교를 마치면 매일 대여섯 시간은 기본으로 컴퓨터 게임을 하곤 했다. 그러던 어느 날, 컴퓨터가 갑자기 고장이 나는 바람에 더 이상 집에서 게임을 할 수 없게 되었다. 명절에 받은 세뱃돈을 쪼개며 피시방을 다니는 데도 한계가 있었다. 저녁에 혼자 집에 남아 심심함을 견디지 못하던 나는 사촌 누나들이 쓰다 물려준 초등 전과(자습서)를 뒤적거렸다. 재미를 위해 그나마 이야깃거리가 있는 문학과 역사 파트를 좀 읽어보곤 했던 기억이 난다.

　그해 겨울방학, 학원가에서 일하던 고모는 늘 방학만 되면

조카들의 성적표를 확인하곤 했는데 나의 갑작스러운 성적 향상에 깜짝 놀라고 말았다. 명절에 모인 친척들도 그 이야기를 듣더니 어머니에게 영한이 공부 어떻게 시키냐며 묻기 시작했다. 당시 사춘기를 맞이한 터라 어머니와 나 사이에는 냉기가 흘렀는데, 내가 공부를 하는 줄 몰랐던 어머니의 당황한 표정을 보니, 마치 골탕을 먹이는 것만 같은 불효막심한 묘미도 있었다. 한편으로 그전까지는 친척들 사이에서 홀로 열악하게 나를 키우는 어머니를 향한 동정심이 느껴지곤 했는데, 내 성적 향상으로 우리 가족을 향한 무시를 없애겠다는 의지가 샘솟기도 했다.

이를 계기로 제대로 공부를 해보기로 했다. 때마침 아나운서라는 목표가 생기면서 공부를 잘해서 대학에 가야겠다는 동기도 생겼다. 게임 중독마저 학업에 빛을 발했다. 방학 때면 열 시간도 거뜬히 컴퓨터 책상에 앉아 있던 나였기에 엉덩이 힘은 자신이 있었다. 슬슬 게임 캐릭터의 레벨이 높아짐에 따라 경험치를 올리거나 장비를 강화하는 것도 어려워지던 찰나였는데, 오히려 가상의 캐릭터보다 현실 속 정영한의 능력치를 올리는 게 더 쉽고 합리적인 투자라는 생각이 들었다. 심지어 성적이 오르자 기특하다고 만나면 용돈을 주는 어른들도 늘어났다. 주변으로부터의 인정, 성장의 재미, 꿈을 향

　　　3장 나다움을 발견하는 마인드셋

한 도전, 돈벌이까지 여러 격려가 더해지면서 재미없던 공부가 이제는 꼭 해야만 하는 목표로 바뀌었다. 내 삶의 주축이 되는 성장 마인드셋인 "로우 리스크 하이 리턴"도 기대가 없던 환경에서 시작한 공부 덕분에 갖추게 된 셈이었다.

여기서 한 가지 조심해야 할 것은 성장을 하는 목적이 꼭 경쟁에서 우위를 차지해야만 한다고 오해해서는 안 된다는 점이다. 나 역시 살면서 전교 1등을 한 번도 해본 적이 없다. SKY 대학은커녕 특목고 출신도 아니다. 그럼에도 나는 아무도 권한 적 없는 불리한 싸움을 시작했던 덕분에 등수와 타이틀 같은 객관적인 지표를 훨씬 상회하는 혜택들을 누렸다고 자부한다. 물론 투자한 만큼 좋은 성과를 거두면 더할 나위 없겠지만, 경쟁력이 부족하다고 해서 무의미한 건 아니다. 불리한 환경 혹은 기대하지 않거나 안 해도 되는 일에 노력을 쏟아붓는 모습을 통해 우리는 지원군을 얻게 되기도 한다. 삭막한 세상처럼 보이지만 그래도 곳곳에 애쓰는 사람을 위한 제도적 발판이나 약자를 지원해 주고자 하는 귀인들이 있다.

그렇게 실행기에 노력을 쏟다 보면 점점 목표가 구체화되고 함께하는 사람들이 늘어나게 된다. 직간접적으로 물질적인 성취도 이끌어내고, 외부 세계로부터 내가 필요한 것을 얻을 기회들이 찾아온다. 그것은 지식이 될 수도 있고, 일자리를 제안받을 수도 있고, 투자를 받을 수도 있고, 기술이나 영감 등 나를 발전시킬 재료들을 쌓는 일일 수도 있다.

실행기를 성실히 보낸 사람일수록 더욱 풍부한 완충기를 보낼 확률이 커진다. 이 완충기를 일종의 보상으로 여기며 동기를 부여받고, 반복해서 성장할 수 있는 패턴을 만들 수 있다. 오히려 성장의 속도만 놓고 보면 굳이 반추기를 갖지 않고 실행기와 완충기를 반복하는 것이 더 훨씬 효율적이기도 하다.

그렇다면 반추기를 언제 갖는 게 좋을까? 그건 개인에게 달려 있다. 성장이란 이성과 효율로만 이루어지지 않음을 절실히 느낄 무렵 저절로 갖게 된다. 나 같은 경우도 주변에서 "마냥 달리지만 말고 여유를 가져야 한다"라며 계속 타일렀지만 귓등으로도 듣지 않았다. 나를 걱정해 주는 그들의 마음을 알면서도 좀처럼 실천하지 못했다. 이건 시간을 되돌려 과거로 돌아간다고 하더라도 마찬가지일 것이다. 이제는 그 중요성을 알기에 미리미리 스스로를 돌아보라고 권하고 싶지만, 2보 전진을 위한 1보 후퇴의 타이밍은 각자 스스로 판단하는 수밖에 없다.

내가 나에게 대화를 걸어올 때, 내가 하는 말을 잘 들어주겠노라 염두에 두는 정도로 충분하다. 그 적절한 시기에 나는 이 책을 집필하게 되었고, 내 첫 책의 독자는 나 하나만으로 족하다는 생각이 들 정도로, 내가 살아온 26년의 삶을 돌아보고 평생을 살아갈 방향성을 점검하는 값진 계기가 되었다.

불과 작년까지만 하더라도 한평생 부정해 왔던 가치들, 가령 허무와 행운 같은 눈에 보이지 않는 것들이 마음에 와닿기 시작했다. 결과적으로 이러한 생각들은 나의 실행에 제동을 걸었기에 마치 도태되는 듯한 불안감에 휩싸이기도 했다. 그러나 이제는 '반추기'라는 개념으로 받아들임으로써 더 큰 성장을 위한 필수적인 과정으로 여기게 되었다. 이렇게 주춤하는 시간마저 사랑하게 될 것이다.

나는 욕망과 권태 사이를 오가는 삶이라는 진자 운동에 끌려다니기보다는 '실행기', '완충기', '반추기'로 나뉘는 이 세 단계를 적절히 반복함으로써 대응하기로 했다. 내 삶을 단순히 "어렸을 때 멋모르고 열심히 살다가 갑자기 의욕이 꺼져서 요즘 회의감에 젖어 빈둥거리고 있어"라고 말하기보다는 "실행기와 완충기를 성실히 이행하며 토대를 다져놓은 덕분에 원하던 목표들을 이뤘고 반추기를 겪으며 더 나아가기 위한 성장을 도모하고 있어"가 훨씬 주체적으로 느껴지지 않은 가?

이제 내게 남은 과업은 내 삶의 전략들을 입증하는 것뿐 이다. 하다못해 소설의 전개만 하더라도 기-승-전-결, 발단-전개-위기-절정-결말 등 여러 가지로 구분할 수 있는데, 우리 삶에 이상적인 패턴이라는 게 유의미할까. 오직 "끝은 창대하리라"는 믿음으로, 내 상황에 부합하는 지속 가능한 성장의 사이클을 만들어가자.

기회의 물꼬를 트다

아나운서에 합격한 뒤, 꿈을 이뤘으니 이제 무얼 할 거냐는 질문을 제법 받곤 한다. 그러나 나는 단 한 번도 아나운서를 최종 목표로 삼은 적이 없다. 앞서 이야기했듯 나의 꿈은 책 쓰고 강연을 하는 '현재 진행형'이지, 꿈이 이뤄지는 특정한 시점이 있는 건 아니다. 이러한 맥락에서 이제 뭘 하고 싶으냐고 누군가 묻는다면, 사진이나 그림을 다루는 예술 작가나 공간 기획자, 건축가 등을 하고 싶다고 답한다. 그리고 사람들이 기대했을 스포츠 캐스터나, 뉴스데스크 앵커, 국민 MC 같은 답변을 피함으로써 그들의 예상을 깨부수는 것에서 희열감을 느끼곤 한다. 딱히 농담은 아니다. 안 되리란 법이 어디 있는가. 이룰 수 없는 목표는 없다. 이룰 수 없는 데드라인만이 있을 뿐이다. 그리고 그 단어의 어원 그대로 나는

언더독 마인드

그 기한을 '죽음dead'의 순간으로 잡았다. 시간만 충분하다면 우리는 나만의 기준에 부합하는 무엇이든 할 수 있다.

무언가를 이루고자 할 때 자꾸만 현실적인 조건과 전례를 들이밀지 않았으면 좋겠다. 전례를 따르기보다는 전례를 남기는 사람이 되고 싶다. 일단 하고 싶은 일이 생기면, 가능 여부를 계산하기보다는 어떻게 달성할지를 생각하는 편이 시간을 보다 즐겁게 사용하는 법이다. 혹여 꿈이 이루어질 수 없다고 하더라도 그것은 도전하지 않을 충분한 이유가 되지 못한다. 애초에 이루는 것만이 목적은 아니기 때문이다.

삶의 마지막 순간까지 후회 없이 좇을 수 있는 일, 그러한 방향성을 꿈으로 삼아야만 계속해서 새로운 목표가 생기기 마련이다. 이를 위해 모든 성과는 도착점이 아닌 새로운 목표를 향한 이정표가 되어야 한다. 그것이야말로 수없이 찾아올 삶의 권태에 잡아먹히지 않는 유일한 대응이기 때문이다. 그래서 나는 끊임없이 새로운 기회를 위한 물꼬를 틀기 위해 움직인다.

우리는 불안함에서 벗어나기를 원한다. 불확실성을 최소화하기 위해 계획을 세우고 내공을 쌓는다. 그러나 삶의 다음

3장 나다움을 발견하는 마인드셋

국면으로 나아갈수록, 성과와 결과를 이뤄내는 데 영향을 미치는 요소가 늘어남을 실감한다. 그리고 점차 '운'에 의존하기 시작한다.

나는 운에 대한 지나친 의존은 성취에 근거한 우리의 잠재력을 저평가하는 일이라고 생각한다. 실패의 원인을 분석하는 과정에서 나의 부족함을 인지하지 못하게끔 하고, 동시에 성취를 '얻어걸렸다'는 식으로 깎아내리면서 개선과 격려의 기회를 모두 박탈하기 때문이다. 운은 딱 감사함의 촉매제 정도로 족하다. 스스로 운에 의존하는 것은 경계하되, 외부에서 나를 평가하는 데 쓰이는 운에 대해서는 긍정적으로 받아들이기로 했다.

대학 입시부터 여행 피디, 온라인 강사, 아나운서가 되기까지 내가 어떤 타이틀을 갖게 될 때마다 '얻어걸렸다'는 뒷이야기가 꼬리표처럼 따라다녔다. 처음에는 내가 들인 노력이 저평가를 받는다는 생각에 기분이 나빴던 게 사실이다. 하지만 한 발짝 떨어져 생각해 보면 상대적으로 적은 노력을 들여 좋은 퍼포먼스를 냈다는 것 아닌가? 고생과 극복의 가치를 높게 사지만, 선택할 수만 있다면 굳이 남들보다 일부러 더 많이 고생을 할 이유는 없다고 생각한다. 따라서 앞으로도 '잘 얻어걸리는 사람', 다시 말해 다른 사람의 시선에서만큼

언더독 마인드

은 모든 일에 행운의 조력을 받는 자로 평가받고 싶다.

더 잘 얻어걸리기 위해서는 고기가 많은 곳에 자리를 잡아야 하며, 고기를 몰기 위해서는 더 많은 떡밥을 뿌려야 한다. 특히 나의 주 터전으로 삼게 된 방송 영역이란, 나 잘났다고 할 수 있는 게 하나도 없다. 수많은 사람이 합심해서 하나의 결과물을 도출해 내는데, 한 사람의 역량을 전체 프로젝트의 성취와 결부하는 건 지나친 과장이다. 따라서 실력이 부족하다고 기대를 꺾을 이유가 없으며, 자신의 실력 덕분에 대중의 좋은 반응을 얻었다고 착각하는 것도 오만에 불과하다.

누군가는 운을 탓하며 뭐 하나라도 도전하지 않을 구실을 찾고 있을 때, 주체적인 사람들은 타인의 운에서 가능성을 엿보고 자신에게 끌어당기기 위해 하나라도 더 많은 연결고리를 만드는 방편을 궁리한다. 아니 땐 굴뚝에 연기 날까. 낙엽 하나라도 더 많이 떨어져 있는 곳에 불이 더 잘 붙기 마련이다.

만약 당신 주변에 "그거 하나 한다고 뭐가 달라지나?"처럼 김빠지는 말을 습관처럼 뱉는 이가 있다면 기필코 멀리해야 한다. 그들은 당장 눈앞에 보이는 성취만을 좇는 근시안적인 사고에 갇혀 있다. 문제는 우리가 그러한 회의적인 태도에 현

3장 나다움을 발견하는 마인드셋

혹되기 쉽다는 점이다. 그들의 말처럼 들인 고생에 비해 당장의 변화가 없을지라도, 비록 사소한 것에 매진하는 모습이 어리석어 보일지라도 결국 작은 불씨의 확산성과 마중물의 원리를 이해할 줄 아는 사람이 큰 성공을 이룰 수 있다고 믿는다.

남들이 보기에 그저 운으로 치부할 정도로 개연성이 없어 보이는 뻘짓(딴짓)이 숨겨진 차별화의 열쇠다. 쓸모없게 여기는 주변의 눈초리를 견뎌낸 이들만이 그 특수를 누릴 수 있다. 결국 이 세상은 자기 확신과 미래에 대한 기대가 있어야만 완주할 수 있는 경주다. 결과는 아무래도 좋다는 생각이 들 정도로 당신의 도전에 의미를 부여하자. 도전하는 자들만이 느낄 수 있는 희열감이라는 게 분명히 존재하며, 살아 있는 느낌 그 자체가 값을 매길 수 없는 보상이기 때문이다.

기회를 반갑게 맞이할 수 있는 사람이 되자. 기회를 전해주는 매개는 결국 사람이다. 그 누가 매일 자신의 위치를 불평하며, 인상 쓴 얼굴로 사람들을 대하고, 포기를 고민하는 이에게 일을 맡기고 싶겠는가. 적어도 당신의 능력을 태도가 깎아 먹는 일은 없도록 해야 한다. 또한 바쁜 와중에도 평점심을 유지하는 사람을 보고 배울 필요가 있다. 평정심이야말로 똑같이 치열하게 살더라도 그 와중에 특수를 누리는 사람들이 지닌 공통점이다.

아울러 휴식에 대해서도 다시 한번 생각해 볼 필요가 있다. 우리의 체력은 일할 때만 소모되는 게 아니다. 과업을 하지 않는다고 가만히 침대 위에 누워 있기만 할 것은 아니지 않은가. 어차피 우리는 깨어 있는 대부분의 시간을 움직이고 사유한다. 그에 따른 인지적 에너지 소모가 뒤따르기 마련인데, 그럴 바에 일하는 시간을 주도해 버리자. 일에서 즐거움을 느끼면 몸에 활기가 돌고 피로가 저절로 사라진다. 열심히 산다는 주변으로부터의 좋은 평가는 덤이다.

최소한의 수면 시간이 보장된다는 전제하에 무작정 쉬는 만큼 피로가 풀리는 건 아니라고 생각한다. 이쯤에서 의심을 해보자. 당신이 갖는 피로는 과연 육체적 피로가 전부일까? 원하는 것에 대한 열망을 억누른 채 참고 살아가기에 느끼는 정서적 답답함은 아닌가. 자신이 처한 환경을 개선하고 싶은 사람이라면 피로를 덜 쌓기보다는 쌓인 피로를 푸는 방식으로 개운함을 느끼길 권한다.

뉴스에서 춤을 추다가 SNS에 바이럴되면서 예능 섭외가 오는가 하면, 출연진이 너무 많아 장내 진행을 도울 예비 인력으로 불려갔다가 갑자기 넷플릭스 〈피지컬: 100〉의 성우로 섭외되기도 했다. 내 목소리가 나오기는커녕 엔딩 크레딧에

이름이 올라가는 것조차 기대치 못했던 아주 작은 역할에서 기회를 얻었다. 그저 넷플릭스는 어떻게 제작하는지에 대한 호기심에 거리낌 없이 나섰던 경험은 "OTT 글로벌 1위 예능 프로그램 진행"이라는, 어딜 가든 그럴싸하게 나를 소개할 수 있는 좋은 경력을 선사해 주었다. 덕분에 사내에서도 이런저런 더빙 의뢰를 많이 받게 되었다. 이로 인해 쌓인 기회와 경험들은 또다시 방송과 글의 소재가 되는 선순환 구조를 띄게 되는 것이다.

무엇보다 이 경험 덕분에 모든 기회의 가능성은 일단 '발을 담그는 데'서 생긴다는 자신감이 생겼다. 그리고 꼭 대단한 성과를 기대하며 나설 필요가 없다는 점. 그저 재밌어 보인다는 이유만으로도 충분히 도전해 볼 만한 가치가 있음을 체감하게 되었다. 그렇게 기회가 닿으면 나섰다. 심지어는 타사 출연도 마다하지 않았다. 퇴근길에 SBS에서 운영하는 '문명특급'이라는 유튜브 채널의 게릴라 이벤트 소식을 접했다. 재재 피디를 보며 나도 기획력을 갖춘 진행자가 되겠다는 자극을 받았던 만큼 언제라도 마주하고 싶던 그를 만날 절호의 기회였다. 곧장 부장님에게 허락을 받고 무작정 찾아갔다. MBC 아나운서가 SBS 채널에 등장하니 모두가 놀라워했다. 하지만 나는 그런 반응이 오히려 좋았다. 그 뚱딴지같음에 사람들은 재미를 느껴주었고, 나 역시 그 순간을 마냥 즐겼다.

이듬해 재재 피디의 SBS 퇴사와 동시에 MBC 〈두 시의 데이트〉의 DJ 발탁 소식을 들었다. 직접적인 섭외의 인과관계를 설명하기에는 무리가 있지만, 굳이 허락까지 받아가며 남의 회사를 방문해서 마주했던 인연이 돌고 돌아 매주 함께 코너를 진행하는 행운으로 닿게 되었다.

기회의 크기와 인과관계가 얼마나 타당한지가 중요한 게 아니다. 엉겁결에 얻어걸린 듯한 우연의 상황마저도 결국 내가 주도한다는 마음가짐이 결국 나다운 삶을 만든다는 것이다. 성패가 두려워 가만히 있어서는 그 어떤 모습으로도 기억되지 못한다. 같은 맥락에서 혹여 실패한다 한들, 세상은 생각보다 당신에게 무관심하다. 남들의 평가마저 사실은 우리가 만들어낸 확대 해석일 뿐, 내 주체성을 누르면서까지 두려워할 이유는 없다. 괜히 실패 경험을 쌓았다가 그로 인해 선택에서 배제될 게 두렵다고? 적어도 내 삶의 변화를 도모한다면 가만히 있기만 해도 중간은 간다는 말에 현혹되지 말자. 가만히 있으면 실패 확률을 최소화할지 모르겠으나 행운의 기회를 맞이할 확률 또한 0이 된다는 점을 잊지 말아야 한다.

3장 나다움을 발견하는 마인드셋

시간의 속도를 조절하는 법

    나는 끊임없이 자유를 갈망한다. 자유를 충족시켜주는 조건은 두 가지. 시간과 돈이다. 시간적 자유를 얻기 위해 돈을 벌지만, 그 돈을 벌기 위해 시간을 들여야 하는 굴레. 그 우위를 가리긴 어렵지만, 돈보다는 시간이 주는 선택지가 훨씬 방대하다고 생각한다. 그래서 일찍이 나는 돈보다는 시간을 잘 쓰는 사람이 되고 싶었다.

    시간은 왜 이리 빨리 가는가. '언제 시간이 이렇게 됐지?' 혹은 '거참, 시간 겁나게 안 가네' 싶었던 적들이 누구나 있을 것이다. 이처럼 우리는 시간에 대한 다양한 인식을 할 수 있다. 당신의 기억을 더듬어 어떤 순간에 시간에 대한 생각을 했는지 복기해 보자. 우리가 시간의 빠르기를 체감하는 판단

기준에는 어떤 것들이 있을까? 단순하게는 재미의 유무나 기대감의 정도가 있을 것이다. 영원하길 바라는 순간은 눈 깜짝할 새 지나가, 괴롭거나 따분한 순간은 끝날 기미를 모른다. 이로 미루어 봤을 때, 내가 스스로 고통받기를 자처하는 까닭은 죽음이 두려워 살아 있음을 오래 느끼기 위함일지도 모르겠다. 그런 면에서 나는 즐거움보다는 지루할 때 시간에 대한 인식을 더욱 많이 하고는 한다.

대표적인 시기는 군대와 코로나였다. 빨리 지나가기만을 바랐던 순간들. 행동의 제약 속에서 느끼는 답답함이 가득했던 그 시절들이 지나고 보면 쏜살같았다는 생각을 한다. 당시 나의 일상에 자극 따위는 없었다. 자취방에서 대학 수업을 듣고, 클럽하우스라는 SNS 속에서 얼굴도 모르는 사람들의 고민을 듣는 게 하루의 전부였다.

삶이 결코 재밌지도 않았을 때인데 책상 앞에서의 시간은 왜 이리 빨리 갔을까? 뇌과학에 대해서는 일말의 지식도 없지만 우리의 기억은 경험한 것들을 있는 그대로 기억하지 않고 저장하는 과정에서 효율을 추구하는 듯하다. 가령 우리가 스마트폰으로 사진첩을 정리할 때에도 비슷한 사진을 구별해서 필요 없는 것들을 소거해 주는 앱을 사용하는 경우가 많다. 동영상 촬영을 할 때도, 장면이 바뀌는 부분만 따로 저장함으로써 파일의 크기를 줄이는 방식을 사용하는 것과 같은 이치다.

무기력에 대한 주제로 이야기를 나누던 중 "시간은 느리지만 시절은 빠르다"라는 나의 말이 사람들에게 공감을 사기도 했다. 코로나19로 인해 비대면 수업, 재택 근무가 성행하다 보니 집에서만 보내는 나날이 반복되었다. 이동은 물론 관계마저 단절되었다. 친구 사이에 "그저께 뭐 했어?"라는 질문은 무색해졌다. "그저께? 뭐 그냥 일하고 밥 먹었겠지?"와 같은 추측성 답변이 돌아올 뿐이다. 내일을 예측할 필요도, 어제를 기억할 필요도 사라졌다. 일주일은 월화수목금토일이 아닌 평일과 주말, 둘로 나뉠 뿐이었다. 그마저도 없는 사람들이 허다했다. 이들의 지루함을 달래기 위해 나는 여행에미치다 피디 시절 출장을 다녔던 이야기를 해주곤 했다. 그런데 재밌는 건, 나 역시 당장 이번 주, 지난주 뭘 했는지 기억이 흐릿한데 고작 5일 정도를 다녀온 인도 이야기는 출발부터 귀국까지 한순간도 빼먹지 않을 정도로 생생히 떠올랐다는 점이다. 이미 다녀온 지 3년이 지난 일이었음에도 서너 시간을 이야기하는 데도 막힘이 없었다.

이로 미루어 짐작건대 우리의 뇌 또한 비슷한 장소와 사건으로 흘러가 버린 하루를 압축해 버린다는 생각이 들었다. 가령 우리에게 당장 지지난 주 화요일에 있었던 일을 떠올리라면 제법 시간이 필요할 것이다. 비슷한 공간에서 루틴이 반복되기 때문이다. 반면 중학교 2학년 친구들과 함께 갔던 수학여행 일정을 떠올리라면? 당신이 첫 휴가로 다녀온 3박 4일의 해외여행에 대해 이야기하라면? 아주 사소한 일까지 생생히 떠오르지 않는가. 이처럼 우리의 뇌는 차이점이 없는 것들을 하나로 합쳐서 기억할 뿐일지 모르겠다는 내 생각은 점점 확신으로 변해갔다.

　이때부터 단순히 오랜 시간을 살아가는 것보다 죽기 전까지 '최대한 많은 순간을 기억'해야겠다는 다짐을 하게 되었다. 마치 내 인생을 주제로 만든 연속극의 비디오테이프를 모으는 것처럼 말이다. 아홉 살의 어느 아침 처음으로 꿈을 꾸지 않았음을 인지한 그날, 내가 기억하지 못해도 시간은 흘렀고, 흐를 것이라는 어린 날의 그 깨달음 이후로 나는 어떻게든 멈출 수 없는 시간에 주체성을 부여하려고 노력해 왔다. 지독한 계획쟁이가 된 것 역시 그 일환이다. 흐르는 시간은 어찌할 도리가 없으니 흘러간 시간을 위한 고민을 더 많이 하기로 한 것이다.

첫째, 앞서 이야기했던 반복되는 일상에서 발생하는 기억 삭제를 역이용하기로 했다. 일상에서 지루하게 견뎌야만 하는 시간들, 예를 들면 공부와 업무 능력 향상을 위한 훈련도 루틴화 과정을 거치게 된다면 훈련하는 시간이 그리 길지 않게 느껴질 것이다.

둘째, 잊혀가는 과거의 일들을 어떻게든 붙잡기 위해 일기를 적기 시작했다. 기록에 대한 중요성을 모르는 이는 없겠지만, 매일 일기를 적기란 결코 쉬운 일이 아니다. 그렇게 며칠을 포기하고 넘겨버리면 걷잡을 수 없는 찜찜함이 몰려온다. 그것 또한 시간에 패배하는 기분이 들어 싫었다. 결국 나약한 의지의 인간이 시간에 대항할 수 있는 최고의 반항은 꾸준함이라는 생각이 들었다. 그래서 나는 도저히 일기를 쓸 여력이 안 될 때는 딱 세 가지만 기록한다. 아침-점심-저녁을 어디서-누구와-무엇을 먹었는가. 하루 세 끼에 대한 정보로 머릿속을 떠다니는 여러 기억을 매듭지어 주는 것이다. 지난주 화요일에 무얼 했는지 물어보면 답을 떠올리기에 시간이 들기 마련이지만, "민호와 점심에 일산에서 닭칼국수를 먹고 종로로 이동해 저녁에 상명이와 마라샹궈를 먹은 날"이라고 적어놓은 문구를 보면 자연스럽게 그날의 동선과 주제들이 상기된다. 훗날 일정 사이에 시간이 뜨거나 손이 심심할 때, 그날의 자세한 감상을 덧붙이는 식으로 다이어리의 공백을 채워나갔다.

셋째, 일부러라도 떠난다. 그토록 세계 여행을 꿈꿔왔음에도 아나운서가 되고 난 뒤 엉덩이가 무거워졌다. 반복되는 일상에 따분함을 느끼면서도 그 편안함에 취하기 쉽다. 물론 그것을 나쁘다고 볼 수는 없다. 그러나 적어도 성장주의자라면, 주체성을 드높이고 싶은 순간을 보내고 있다면 움직일 필요가 있다. 입사 후 1년 차 공휴일에도 예외 없이 생방송을 준비하다 보니 장기로 휴가를 내기가 쉬운 일은 아니지만, 이따금 주말을 활용해 밤도깨비 여행이라도 떠나려고 애쓰는 편이다. 시간과 돈을 짜내서라도 낯선 곳으로 스스로를 등떠민다. 비단 공간뿐이 아니다. 사람도, 물건도, 생각도 익숙해질 무렵이면 새로운 자극으로 덧칠함으로써 나는 내 기억의 테이프 수를 늘려나간다.

무엇을 위해 그렇게 삶을 기억하고 싶은지는 잘 모르겠다. 솔직히 성장을 위해 시작한 일은 아니었다. 그 척도가 부와 인지도라면 더더욱 거리가 멀다. 추측건대 추억거리가 충분히 많아지면 죽는 게 덜 두려워지지 않을까 싶은 기대감, 내가 사라지더라도 누군가는 나를 기억해 주길 바라는 쓸쓸함, 아무도 없다면 스스로라도 내 삶을 기록하고 떠올리기 위한 심심함 정도가 아닐까.

명확한 의도는 없더라도 이러한 시간의 인식과 기억법들을 연마하다 보니 자연스럽게 내 삶이 마냥 끌려가는 것만 같다는 생각에서는 벗어날 수 있게 되었다. 어쩔 수 없는 것들 사이에서도 내가 선택할 수 있는 게 너무나 많다는 것. 흘러가는 시간이 전부 내 것이라는 기분은, 경쟁 사회의 고질병인 결핍감으로부터 우리를 조금이나마 자유롭게 해줄 것이다.

타인의 시선에서 나를 찾다

나다운 생각과 선택이 중요하지만, 나 자신에게만 갇혀서는 삶을 바꿀 수 없다. 자신에게 집중하기 위한 출발 단계에서는 외부의 저항을 뿌리쳐야 할 테지만, 타인까지 납득을 시킬 수 있을 때 나다움은 더욱 견고해진다.

타인의 부정적인 시선에서 벗어나는 것은 2보 전진을 위한 1보 후퇴일 뿐, 영원한 도피는 가능하지 않다. 자신의 마음이 들여다보이기 시작했다면 다시금 자신에게서 멀어지기 위한 연습이 필요하다. 더 솔직한 내면을 확인하기 위함이다. 부정적인 평가에 주눅 들지 않기 위해 잠시 눈을 감고 귀를 막았을 뿐, 아무리 심혈을 기울여 세웠다 한들 나만의 논리 구조보다는 타인의 직관적인 시선이 더 정확할 때가 많다. 의지와 내면이 확고히 다듬어진 사람들은 다른 사람이 얼핏 보

3장 나다움을 발견하는 마인드셋

기에도 '본인다움'이 태가 난다. 그리고 그 '본인다움'은 행동에서 나오는데, 의미 부여 훈련을 하는 가장 큰 목적 또한 결국 행동하기 위함이다.

그 말인즉슨 백날 의미를 부여하더라도 행동하지 않으면 삶은 달라지지 않는다는 뜻이다. 그렇기 때문에 우리는 나다움을 향하는 과정에서 타자의 시선을 통해 철저하게 나의 행동을 감시할 줄 알아야 한다. 스스로를 타자의 시선에서 바라보게 되면 타인의 평가에 더 이상 두려움을 느끼지 않을 수 있다. 그 과정에서 자기 자신의 부족함을 인정할 수 있기 때문이다. 더 나아가 지적받은 문제점들을 개선하고 싶은 의지가 솟기도 한다.

나를 객관적으로 본다는 게 말처럼 쉬운 일은 아니다. 누구에게나 방어기제라는 게 작동한다. 자아가 위협받는 상황에서 우리는 무의식적으로 자신을 속이거나 상황을 다르게 해석하려고 든다. 태어날 때부터 합리화하게 만드는 시스템이 내장된 셈이다. 이를 잘 활용해 평온하게 살아가는 것도 괜찮다. 오히려 더 행복할 수도 있다. 그러나 지금 우리는 내가 목표로 하는 것을 더 이루기 위한 과정을 말하고 있지 않은가. 그러기 위해서는 방어기제를 해체하고 나를 더 객관화

언더독 마인드

할 필요가 있다.

객관적으로 자기 자신을 바라보기 위해 우선 '나'를 투영할 대상을 찾자. 앞서 작성했던 나의 연대기를 바탕으로 가상의 대상을 만들거나, 최대한 자신과 비슷한 타인을 찾는 것도 좋다. 내 일이 아니라고 생각할수록 확실히 방어기제는 덜 작동하기 때문이다.

다음으로는 감정을 최대한 배제한 채 나를 투영시킨 대상을 면밀히 분석해 보는 것이다. 어차피 혼자만의 생각일 뿐이고 대상에게 그 어떤 영향을 주지 않을 것이니 잠깐만 양심의 가책을 내려놓고 평가질을 해본다. 일시적으로 비난까지도 허용한다. 남에 대한 평가로 종이를 가득 채워봄으로써 타인을 두고 이야기할 때 훨씬 적나라하게 드러나는 자신의 공격적인 모습을 확인해 봐도 좋다. 그들의 도전에 대해 비아냥거리고 그들의 실패 요인과 아쉬운 점을 찾아내는 건 그렇게 어려운 일이 아니다. 대부분 별생각 없이 쓱쓱 써 내려갔을 것이다. 이제, 그렇게 쏟아낸 결과를 거꾸로 나에게 적용해 보자. "다른 사람들도 나를 이렇게 평가할 수 있겠구나."

가상의 대상이나 타인을 두고 피드백을 하지 못하는 사람도 있을 것이다. 괜찮다, 다 당신이 착해서 그런 것이다. 하지만 안타까운 점은 이런 사람들이 오히려 타인에게서 상처받기 쉽다는 현실이다. 그럼에도 나는 이렇게 무해한 사람들이 더욱 단단해지고 원하는 삶을 펼치는 본보기가 되어주기를 응원한다. 그러기 위해 잠시만 '내가 상대에게 대하는 만큼 상대도 똑같이 나를 대할 거라는 기대'는 접어둘 필요가 있겠다. '나의 의도와는 달리 누군가는 불편함을 느낄 수 있겠구나', '나를 마음에 안 들어 하는 사람이 있을 수도 있겠구나'를 인정하는 시간이 필요하다. 긁어 부스럼을 내듯 나의 단점도 꼬집어보고 그 원인까지도 궁리해 보는 시간을 갖자.

자신의 단점을 인정하는 것만으로도 약점 자체가 상당 부분 개선됨을 마주하기도 한다. 누구나 처음에는 자신을 돌아보는 과정이 낯간지럽고 억지스럽게 느껴질 수 있지만, 그럼에도 익숙해져야 하는 까닭이다. 자신의 단점을 파헤치려 할수록 심각하게 느끼기보다는 별거 아니라고 생각하기 마련이다. 타인이 나를 공격하는 이유가 그리 대단한 것이 아님을 알게 되었을 때, 우리는 덜 미워하고 덜 상처받을 수 있다. 결국 부정적인 사람의 에너지가 내 삶에서 바꿀 수 있는 것은 아무것도 없음을, 결과적으로 내 삶을 구렁텅이로 끌고 가는 것은 그들의 공격이 아닌, 상처받고 무너진 자신이라는 점을 잊지 말자.

이처럼 의도적으로 공격적인 상황에 나를 일부러 노출하는 방법은 트라우마를 치료하는 가장 효과적인 하나의 방편으로 활용되기도 한다. 트라우마 증상을 반복적으로 겪게 하는 특정한 요소(대상, 장소, 상황)가 현실에서는 아무런 영향을 미치지 못한다는 것을 새로이 직시함으로써 과거를 정리할 수 있게 되는 것이다.

우리는 지나간 일에 대해서라면 고통마저 스스로 미화할 때가 있다. 지나간 일을 굳이 들춘다고 해서 현재가 달라지는 것도 아니라는 생각 때문이다. 그러한 무던함은 우리가 성숙해지고 있다는 방증이기도 하지만, 그렇게 흘러간 과거의 감정들이 얽혀 현재의 어려움을 낳는다.

문제는 사소한 원인일수록 발견하기가 더욱 어렵다는 데 있다. 오래된 작은 일 따위에 내가 동요할 거라 생각하지 않기 때문이다. 나 같은 경우도 그랬다. 물론 과거의 어려움이 있었기 때문에 지금의 내가 더욱 단단해졌다는 생각에는 변함이 없지만, 그것은 내가 원하는 것을 이뤄내기 시작한 뒤의 해석이다. 이따금 발견하는 내 성격의 모난 구석이 어린 시절에 있지는 않을까 싶은 가정을 해보게 된 순간, 나는 위로받지 못한 채 성인이 되어버린 과거의 상처를 발견할 수 있었다.

3장 나다움을 발견하는 마인드셋

생산자
마인드의
'인생' 관리법

사람과 돈은
가까이 둘수록 이득이다

불안해하지 않고,
초조해하지 않고,
겁내지 않고
나답게 살아갈 것.

부정적인 에너지로 향하는 관성

더 나은 삶을 위한 분투의 과정은 한마디로 주변을 둘러싼 부정적인 것들을 헤쳐나가는 것과 같다고 해도 과언이 아니다. 애석하게도 현실은 긍정보다는 부정의 편에 힘을 보태주는 듯하다. 애초에 부정적인 생각은 긍정을 압도하는 강한 힘을 지녔다. 나는 예전부터 세상의 기본 값이 긍정보다는 부정에 가깝다는 생각을 해왔다. 100가지가 넘는 칭찬을 받더라도 하나의 부정적인 공격에 더 가슴앓이하기도 하고, 좋은 일만 가득하다가도 안 좋은 사건 하나로 관계가 틀어지거나 공들인 업적이 백지화되는 경우도 부지기수였다. 언제나 긍정보다는 부정의 잔상이 짙게 머문다. 하다못해 세계적으로 오랫동안 사랑받은 문학작품만 떠올려 보더라도 희극보다는 비극이 그 수를 압도한다.

사색도 마찬가지다. 지금은 어느 정도 균형을 맞출 수 있게 되었지만, 사색에 잠겨 있던 20대 초반, 거의 모든 생각의 끝에 가까워지면 결국 염세적인 상태에 빠지곤 했다. 앞서 군 복무 시절에 경험했던 질문 놀이(자신과의 문답)를 할 때도 마찬가지였다. 처음에는 '새로운 것을 해야 할 이유'와 아이디어가 막 떠오르다가도 근무 시간이 다가오면 '위험 요소들과 그로 인해 생기는 기회비용'들이 머릿속으로 쏟아졌다. 그러고는 결국 다른 사람들이 안 하는 데는 다 이유가 있겠거니 하는 생각에 결국 처음으로 되돌아가기 일쑤였다. 이는 마치 '의심 → 가능성 → 희망 → 상상 → 위험성 → 현실성 → 무의미함 → 좌절'의 수순을 반복하는 것만 같았다.

재미난 상상으로 시작했던 일에 부정적인 기운이 덕지덕지 붙어버리는 바람에 안 하느니만 못한 것이 되어버린 셈이다. 과감한 도전을 앞두고 있을 때는 신중함을 빌미로 지나치게 뜸을 들이는 것이 오히려 역효과를 낼 수도 있다.

때로는 부정적인 기운이 우리를 유혹하는 것을 넘어서, 어쩌면 우리가 부정적인 것을 동경하는지도 모르겠다는 생각이 들고는 한다. 내가 처음으로 우울과 유사한 감정을 인지한 건 스물셋 무렵이었다. 신기하게도 사색을 시작한 시기와 정확히 맞아떨어진다. 군대에서도 제법 선임이 되면서 일거리도 줄어들고 딱히 주변으로부터 받는 저항이랄 게 없던 시기였다. 그런데 고통 못지않게, 어쩌면 그보다 더 무서운 것은 삶의 권태라는 것을 체감했다. 육체적 편안함은 심적 편안함과 애초에 궤가 달랐다.

그 무렵 알게 된, 또 한 가지 놀란 사실은 주변에 정신질환으로 병원에서 치료를 받는 친구들이 생각보다 많다는 것이었다. 물론 섣불리 일반화할 수는 없지만, 그들 중 대부분이 상대적으로 삶에 대해 고민을 더 많이 하고, 적극적으로 자신이 원하는 분야에 집중해 본 경험이 있는 이른바 '주체적인 삶을 추구하는' 친구들이었다. 당시 나는 더 잘 살아보겠다고 이제 막 삶의 가치에 대한 생각을 시작해 보던 터였는데, 이들로부터 짙은 부정적인 기운을 느끼게 된 것이 적잖게 혼란스러웠다.

우울감에 시달리는 이들과 이야기를 하면서 느낀 하나의 공통점이 있다. '이 우울감에서 벗어나 나도 행복해지고 싶다'와 같은 개선의 뉘앙스를 찾아볼 수 없다는 점이었다. 애초에 우울을 해결해야 할 대상으로 여기는 느낌이 아니었다. 그보다는 '세상은 원래 이런 것'이며, '나에게는 우울이 도사리고 있다'는 현상을 그 자체로 품고 있는 경우가 대부분이었다. 심지어 우울을 숭배하듯 더 깊숙이 빠져드는 것처럼 보이기도 했다. 이 이야기를 꺼내면서도 혹여 우울을 극복하는 데 어려움을 겪고 있을 누군가에게 상처가 될까 조심스럽다. 부디, 내 어리숙함과 적은 표본으로 인한 짧은 식견에서 비롯된 것임을 다시 한번 정중히 밝힌다.

감히 내가 그 해결책을 도모할 수는 없는 노릇이지만, 그럼에도 나름대로 이유를 찾아 이해해 보고자 노력했다. 때로는 자신만의 해석을 갖는 것만으로도 다양한 삶의 장애물들을 감당하고 나아갈 용기를 갖게 되니까 말이다. 부정적인 에너지를 인정하기 위해 접근한 사고 회로는 아래와 같다.

우리는 혼란 속에서 태어났다. 탄생에 있어 애초에 우리의 의사는 반영되지 않았으며, 자아는커녕 혼자의 힘으로는 생존 자체가 불가능한 수동적인 존재에 불과했다. 물론 존재에 대한 해석은 큰 철학적 사유를 요구하는 주제가 되겠지만, 아직 내가 그만큼 심오하게 접근할 그릇이 되지 못하므로 이해를 위해 좀 더 쉽게 명명해 보겠다. 이때 존재하지 않던 것이 생겨남은 '+(플러스)', 있던 것이 사라지는 것은 '-(마이너스)'로 단순화해 보자.

살아 있는 우리는 동시에 죽어가는 중이기도 하다. 방향으로 치자면 플러스에서 마이너스로 가고 있는 셈이다. 어쩌면 우리가 그 관성을 타고난 것이 아닐까 하는 게 나의 생각이다. 애초에 우리의 삶이 죽음(마이너스)로 향하고 있기에 부정적인 성질을 지닌 것들이 친숙함을 느끼고 달라붙을 수밖에 없다는 가정이다. '태어난 순간부터 우리는 마이너스로 향하는 관성을 지니고 있다.' 이것이 내가 존재의 이해를 돕기 위해 스스로 내린 명제다. 누군가에게는 헛소리로 들리기 십상이겠지만, 나름의 대전제를 부여하고 나니, 나약함을 느끼게 만드는 인간적 성향들을 받아들이는 데 느꼈던 복잡함이 하나둘 씻겨 내려갔다.

여러 부정적인 상황들을 '어쩔 수 없는 것'이라 여기며 도망치고 묵도하기 급급했던 과거와는 확연히 달라졌다. 한마디로 무조건적인 반응이 아닌 주체적인 대응을 할 여지가 생겨난 것이다. 당신의 생각은 어떠한가? 내 생각에 전적으로 동의하지 못하더라도 환영하는 바이다. 당신만의 이유를 상상해 보고 남의 생각을 반박해 보면서 자신에게 적용할 만한 명제를 가지기를, 그래서 인생의 불확실성을 품기를 바란다. 삶을 이해하는 나만의 명제를 가짐으로써 우리는 단순히 공부를 통해 지식을 쌓아가는 것 이상으로 부정적인 것에 대응

4장 생산자 마인드의 '인생' 관리법

할 수 있는 자신감이 생겨날 것이다. 그것이 곧 우리 각자만의 철학으로 다져져 우리를 한층 성장하게 만드는 게 아닐까.

언더독 마인드

두 개의 울타리 : 관계와 외로움에 대하여

나는 태생적으로 외로움에 무딘 편이었다고 한다. 제대로 기어 다니지도 못하던 아기 때부터 방에다가 재워두면 혼자 조용히 깨어나 거실을 돌아다니다 발견되는가 하면, 나오는 채널이라고는 달랑 다섯뿐인 TV 한 대만 켜두면 출연자들의 말에 대꾸하며 늦게까지 혼자 잘 놀았다고 했다. 이처럼 혼자 집을 지키는 시간이 많았던 나에게 초등학교 입학은 너무나 신나는 변화였다. 내 또래의 아이들이 수백 명이나 모여 있으니 매일매일 어울려 다니기 바빴다. 첫 등교 날부터 부모의 다리 춤 사이에 숨어 있는 친구들에게 먼저 다가가 같이 놀자고 권하던 기억이 선하다. 아이들을 모아서 쏘다니기를 일삼다 보니 반장은 늘 나의 몫이었다. 부족한 형편 탓에 햄버거 파티 같은 달콤한 공약을 내세우지는 못했지만 초등학교 1학년부터 고등학교 3학년까지 12년 내내 반장을 맡았다. 홀로 지내며 쌓인 외로움이 사람을 겁내기보다는 붙임성으로 발현된 덕분이었다. 사람들 앞에 나서기를 좋아하는 성격은 대중들 앞에 서는 직업을 갖겠다는 목표에 한몫하기도 했다. 마술사와 개그맨에서 시작해 전 국민 앞에 서는 MC가 되겠다는 목표를 정한 뒤로는 반장 선거가 갖는 의미가 달라졌다.

당연히 처음에는 당선이 목표였다. 그런데 학년이 올라갈수록 친구들 사이에 "이번에도 당연히 영한이가 뽑히겠지"라는 분위기가 조성되면서 만족의 기준이 더욱 까다로워졌다. 다른 친구들이 선거에 지원조차 하지 않아 단일 후보로 투표가 진행되는 경우도 많아졌다. 더 이상 내게 중요한 것은 당선이 아니었다. 무효표와 반대표가 얼마나 되는지로 나의 평판을 판가름했다.

지금 돌아보면 이 얼마나 거만한 독재자적 발상인지 괘씸하기도 하지만 당시 나에게 반장 선거의 찬성률은 장래희망에 대한 자격의 척도나 다름없었다. 마흔 명 남짓하는 이 교실에서도 나를 싫어하는 사람이 있다면, 내가 과연 전 국민이 보는 TV에 나올 자격이 있겠냐는 의구심을 갖는 것이다. 아직도 기억하기를 대부분 나의 당선 소감은, "반대표를 던진

언더독 마인드

○명의 친구들에게도 만족을 줄 수 있도록 노력하겠다"였다. 심지어 선거가 끝난 뒤 기권표를 낸 친구들을 찾으려고 수소문하기도 했다. 물론 나무라거나 찬성하지 않은 이유를 따지기 위함은 아니었다. 그들이 갖고 있던 나에 대한 부정적인 인식을 씻기 위함이었다. 지금 돌아보면 나를 믿고 찬성표를 건네준 친구들을 챙기기에도 부족했던 시간을 허튼 데 썼다는 후회가 들기도 하지만, 모두에게 사랑받고 싶었던 마음이 절박했던 탓이라 생각한다.

그 욕심은 대학 입학 이후 과 대표를 도맡으면서도 이어졌다. 확실히 성인이 되니 인간관계의 범위가 비교가 안 될 정도로 넓어졌다. 학과뿐만 아니라 학회, 동아리, 대외 활동까지 기회가 닿는 대로 모든 집단에 몸담았다. 그 당시에는 더 많은 친구를 사귀는 것만이 관계의 성장이라고 생각했다. 그러나 하루는 24시간이었고 내 몸은 하나였다. 결정적으로 다양한 활동에 참여한 건 사실이었으나, 발만 담군 수준에 불과했다. 동아리별로 조성된 술자리에 참여하며 매일을 보냈다. 일반적으로 학과 생활을 위주로 활동하는 친구들과 달리 다른 대학, 다른 과, 심지어는 이미 사회에서 활동을 하고 있는 사람들과 어울리는 스스로가 만족스러웠다. 어떨 때는 잘

나가는 대학생이 된 것 같은 기분이 들기도 했다.

그러던 어느 금요일 저녁이었다. 수업을 다 마치고 난 뒤, 기숙사 침대에 누워 오늘은 또 어느 그룹에서 노는 게 재밌을지를 궁리하고 있었다. 그렇게 몇 시간이 훌쩍 지났지만, 그 누구에게도 나를 찾는 연락은 오지 않았다. 그리고 얼마 지나지 않아 SNS에 신나게 놀고 있는 친구들의 사진이 여기저기 올라왔다. 늘 나와 함께하던 그룹의 사람들이었다. 모든 모임이 다 그대로였다. 단체 사진에서 내 얼굴만 빠졌을 뿐. 그렇게 주말이 끝났고 보름이 훌쩍 지나갔다. 수업을 듣는 시간을 제외하고는 내내 계속 혼자였다. 마치 어느 순간 모두에게서 내가 사라진 기분이 들었다. 그 어떤 그룹에도 먼저 연락할 수가 없었다. 우연히 마주치거나 활동을 할 때 인사를 나눌 뿐, 이미 각 그룹별로 쌓인 친밀도의 깊이가 달라진 느낌이었다. 매일 여기저기 자리를 옮겨다니다 보니 그럴 만도 했다. 요즘 어떤 사람들과 주로 친하냐는 한 동기의 물음에 말문이 막혔다. 넓은 줄만 알았던 내 인간관계에는 깊이가 없었다. 학기 초 부지런히 사귀었던 수많은 사람은 친구가 아니라 지인일 뿐이었다. 모두와 친구가 되고 싶었던 나는 결국 그 누구의 친구도 되지 못하고 있는 나를 발견했다.

모든 관계를 동일하게 챙길 수 없음을 인정하니 마음에 평온이 찾아왔다. 자연스럽게 마음이 더 가는 사람과 소원해질 수밖에 없는 사이가 있다는 것을 받아들이니 사람들을 대하는 데 부담이 줄었다. 아쉬운 점은 이 과정에서 나에 대해 서운해하는 사람들이 발생한다는 것이었다. 일찍이 SNS를 비롯해 뉴미디어에서 여러 활동을 많이 하다 보니 만남의 빈도가 줄어든 친구들이 나를 두고 '사람을 가린다'는 오해를 하기도 했다. "누구와는 어울리면서 왜 나를 만날 시간은 없느냐"라는 식의 푸념이었다. 마냥 틀린 말은 아니었기에 자주 만나지 못하는 사람에 대한 부채감이 들기도 했다.

더군다나 이러한 아쉬운 소리들은 직접 듣기보다는 한 다리를 건너서 접하는 경우가 많은데, 재미난 점은 서운함을 퍼뜨리는 지인들 중에서 적극적으로 나에게 먼저 만나자고 관심을 표명했던 친구는 좀처럼 없었다는 것이다. 새로운 사람과 어울리거나, 다른 일을 하는 나의 사생활이 좀 더 외부에 드러나다 보니 과거에 어울리던 자신과의 거리가 멀어졌다는 느낌이 충분히 받을 수 있겠지만, 그럼에도 관계가 소원해진 원인이 마치 나에게만 있다고 여기는 것처럼 느껴져 나 또한 그들에게 서운함을 안 가질 수 없었다. 꼭 내가 먼저 나서야만 유지될 수 있는 사이라는 게 쏠쏠했다.

4장 생산자 마인드의 '인생' 관리법

한편 그들과는 달리 타이밍이 좀처럼 안 맞아 번번이 허탕을 치더라도 수시로 먼저 연락을 건네주는 이들이 있었다. 물론 서운함을 표했던 친구들을 나무랄 작정은 아니지만, 나는 이런 잡음이 들릴 때, 오히려 불평 없이 나를 기다려준 사람들에게 큰 감사함을 느끼며 일부러라도 더 연락하고자 한다. 관계의 척도를 왕래의 빈도로 한정 짓지 않고, 마음을 편하게 해주는 사람들 말이다.

　관계란 상호적인 것이기에 나 역시 누군가에게 이따금 서운함을 느끼게 하는 주체가 된다는 것을 이제는 안다. 나 같은 경우는 얕은 관계가 대부분이었기에 인간관계에 대한 회의감을 자주 느끼는 편이었다. 오랜 기간 크리에이터 '킴닥스'로 활동하면서 멘토가 되어준 학교 선배는 내 고민을 듣고는 인간관계에 대한 긍정적인 대응책을 알려주었다.
　그가 제시한 방법은 '두 개의 울타리'를 두라는 것. 먼저 기존과 같이 관계의 기본은 넓은 울타리를 치되 그 높이는 최대한 낮게 둔다. 이 울타리는 내가 처한 상황, 일, 위치에 따라 누구나 드나들 수 있다. 새로운 관계가 이 울타리에 들어왔다고 해서 호들갑 떨지 않고, 다시 나갔다고 서운해서도 안 된다. 이처럼 유연함을 중심 기조로 두되, 그 안에 좁고 높은

언더독 마인드

울타리를 하나 더 놓는 것이 핵심이다. 그 안에 들어오는 사람의 수는 셋 정도, 많아도 다섯을 넘지 않는 게 좋다. 이들은 내가 어떠한 어려움을 겪더라도 마음을 털어놓을 수 있는 대상이다. 이해관계를 막론하고 의식적으로 신경을 써가며 지켜야 하는 사람들로 구성한다. 어느 정도의 책임과 의무를 부여함으로써 아무리 세상에 치이고 있더라도 내가 흔들리지 않게 뒷받침해 주는 최후의 방어선 같은 것이다.

물론 이 울타리를 누구에게 열지는 나 혼자 마음속으로 결정한다. 나만의 일방적인 관계 설정 방식이었음에도 불구하고 이후 두 개의 울타리는 인간관계에 대한 든든한 버팀목이 되어주었다. 이따금 관계에서 트러블이 발생할 때면, '아, 내가 또 너무 내 생각만 해서 주변에 피해를 줬나', '관계의 소중함을 모르고 성장에만 급급했나'와 같은 생각들로 나의 행보를 의심하는 일이 잦았다. 하지만 이제는 더 이상 그러지 않게 되었다. 그럼에도 불구하고 노력하며 관계를 유지하는 친구들이 적어도 셋은 있으니까. 앞서 이야기했던 소홀한 관계에 서운함을 표하는 사람에게 나 역시 서운함을 느낌으로써 맞대응하게 된 것도 두 개의 울타리를 설치한 이후에 할 수 있게 된 책임의 배분이었다.

당신의 좁은 울타리에는 어떤 사람들이 들어가면 좋을까? 관계에 조건을 두는 것처럼 말하는 것이 조금은 매정해 보일 수 있겠지만, 스스로를 지키는 일이라 생각하며 내가 설정한 기준을 공유하도록 하겠다. 지금 내 좁은 울타리에 있는 사람들의 구성은 이러하다.

1) 성격도 하고 있는 일도 너무나 다르지만 중학교 시절부터 14년 넘게 좋은 관계를 유지하고 있는 친구
2) 알게 된 것은 성인이 된 이후지만, 줄곧 비슷한 취향을 중심으로 비슷한 분야에서 함께 성장하고 있는 친구
3) 전혀 다른 분야에 종사하고 있으며, 알고 지낸 지 1년도 채 되지 않았지만 너무나 많은 부분을 마음 편히 털어놓고 서로 이해할 수 있는 친구

셋을 각각 놓고 보면 공통분모를 찾기가 어렵다. 굳이 성질을 구분해 보자면 추구하는 삶의 방향성이 다름에도 오랜 시간 관계를 유지하는 '안정감', 마치 거울을 보듯 함께 성장해 나가는 '동질감', 어떻게 가까워졌는지 설명하기가 신기할 정도로 다른 환경임에도 불구하고 마음이 놓이는 '편안함' 혹은 나와 다른 삶을 통해 쌓아온 '영감'을 공유하는 대상 정도

언더독 마인드

로 구분할 수 있겠다. 10년을 넘게 만나온 오랜 친구도 있지만, 알고 지낸 지 고작 1년이 채 안 된 사람이 좁은 울타리에 들어서기도 한다. 이처럼 우리가 관계를 맺는 뾰족한 기준이라는 것은 사실상 없다고 봐도 무방하다. 각각의 관계들에서 그 사람과 나를 이어주는 '결'이라는 게 별도로 있는 것이 아닐까 생각할 정도다. 마치 라디오 주파수처럼 말이다.

얼마 전까지만 해도 학생 신분이었던 나는 여행을 다니다 보면 자연스럽게 가격이 저렴한 게스트하우스에 묵는 일이 많았다. 하루 일정을 마치고 라운지에서 맥주 한 캔을 마시다 보면 묘한 따분함이 느껴진다. 이를 달래기 위해 다른 여행자에게 말을 건네다. 그러다 보면 신기하게도 일면식도 없는 이방인과 급속도로 가까워지고는 한다. 오랜 친구나 동료에게도 털어놓지 않았던 고충이나 평생 비밀로 삼을 것만 같았던 치부들을 처음 보는 외국인에게 가감 없이 드러내는 경우도 있다. 신기한 점은 상대 역시 그것을 예민하게 받아들이거나 부담스러워하지 않는다는 것이다. 이것이 바로 관계의 주파수다. 비슷한 기대감과 비슷한 눈높이로 서로를 이해하려는 정도가 공명을 일으키는 것이다. 마치 주파수가 들어맞는 것처럼 인간관계에도 별다른 약속 없이 저절로 통하는 코드가 있다.

이러한 경험을 수차례 하고 나니 좀처럼 노력을 해도 관계가 원만하지 못한 사람들을 원망하거나 자책하지 않게 되었다. '다르다'는 것을 전제로 두자 낯선 사람을 마주하는 데 거리낌이 사라졌다. 무언가를 얻을 거라는 기대도, 잘 보여야 한다는 의무감도 모두 떨쳐냈다. 그저 주파수가 맞는 사람을 만나면 신기함과 운명의 감사함을 느낄 뿐이다. 예상치 못한 부분에서 흥미를 느끼거나 원활하게 대화를 주고받는 내 모습을 스스로 반추하며 나도 몰랐던 '나의 결'을 발견하는 기회도 늘어났다. 주파수의 공명을 통해 내 안에 있었던 요소가 발현되는 느낌이다.

주파수로 관계를 인식하다 보면 같은 분야에도 나와 너무나 다른 사람이 많고, 반대로 전혀 관련 없는 분야임에도 나와 정말 비슷한 사람이 많다는 것을 몸소 체감할 수 있다. 나를 외로움의 늪에 빠지게 했던 얕은 관계에 대한 회의감은, 어느새 주파수가 맞는 이를 만나는 설렘이 되어 먼저 사람들에게 다가가는 적극성을 선물해 주었다.

이처럼 외로움과의 싸움 끝에 다다른 결론은 결국 우리는 깊이와 넓이 어느 하나를 완전히 저버릴 수 없다는 것이다. 언제든 들어오고 나갈 수 있는 유연함과 나를 지탱해 주는 강인한 관계, 당신도 이 두 개의 울타리를 세워보면 좋겠다. 모두가 고유한 주파수를 지니고 있음을 받아들이는 순간, 인간 관계는 통제의 대상이 아닌 즐거운 보물찾기가 될 것이다.

외로움을 대하는 자세

앞서 이야기한 방법들처럼, 나는 도무지 해결책을 찾을 수 없는 관계 양상에 어려움을 느낄 때면 의미 부여를 하고자 노력한다. 당연한 이야기겠지만 인간관계의 중요성은 가치관을 따른다. 관계보다 일과 경험이 중요한 사람들은 제법 내 고민과 생각의 방향에 공감할 수 있겠지만, 삶에서 관계가 제일 중요한 이들에게 내 이야기는 결코 정답이 될 수 없다.

스스로 마음을 달래고 있지만 나 역시 여전히 모두와 친해지고 싶은 욕망이 그득하다. 그러나 관계의 확장에만 신경을 쓰다 보면 어쩔 수 없이 소원해지고 멀어지는 관계가 생긴다는 것을 이제는 받아들일 뿐이다. 그리고 또 하나 알게 된 사실은 불확실한 관계보다는, 확실한 관계에 에너지를 쏟는 편이 훨씬 후회가 적다는 것이다.

언더독 마인드

가령 어린 시절로 돌아간다면 반장 선거에서 반대나 무효 표를 던진 녀석들을 신경 쓰는 데 에너지를 허비하기보다는 나를 믿고 뽑아준 친구들에게 감사를 표하기 위한 적절한 방안을 더 찾을 것 같다. 또 오해로 얼룩진 지나간 관계를 붙잡고 스트레스를 받기보다는 결이 맞는 사람들과 좋은 추억을 쌓아가는 순간에 더욱 집중할 테다. 갈등에서 무작정 도피하라는 이야기는 아니다. 잠시 시간의 힘을 빌릴 뿐이다. 부정적인 감정에서 한 발짝 멀어져, 같은 결의 사람들과 좋은 시간을 보내다 보면 생각이 조금 더 긍정적인 방향으로 정돈되기 마련이다. 내 마음이 평온해야 타인에게 갈등을 풀기 위한 손을 건넬 수 있다. 용기가 여유에서 나올 때 상대방도 좀 더 부담 없이 마음의 짐을 내려놓을 수 있지 않을까? 결국 가장 '나다운 결' 속에서 자신 있게 생활할 때 오해들은 씻겨나갈 것이고 이해의 폭은 넓어질 거라 믿는다.

말은 번지르르하게 했지만 관계를 잘 다스리는 것과 외로움은 별개의 이야기다. 어느 정도 혼자 보내는 시간이 필요하다는 걸 알면서도 약속 잡기를 멈추지 못한다. 마치 달력을 채워야 하는 강박이 있는 것처럼, 잠깐이라도 틈이 생기면 핸드폰을 꺼내 때와 장소가 맞을 만한 사람을 찾아 연락한다.

계속해서 다른 사람들을 마주한다는 건 적잖게 피로한 일이다. 홀로 평온함을 느끼고 싶으면서도 끝없이 사람들을 만나기 위해 나서는 이유는 뭘까? 나와 결이 맞는 사람을 찾아가는 과정, 갈등이 생기더라도 그것을 풀어낼 때 느끼는 희열이 있기 때문이다. 다른 사람과 이야기를 나누다 보면 그 자체로 에너지를 얻는다. 사고의 폭이 넓어지기도 하고, 실질적인 문제의 해결책을 찾는 일도 많다. 극도로 효율적인 성장을 중요시하면서도 매일 같이 지인과 카페에서 주제 없는 수다를 나누는 까닭이다. 이런 식으로 좀처럼 혼자 있는 일이 없음에도 나는 숱하게 외로움을 느낀다. 어느새 자기 자신과 대화하는 법에 무뎌졌다는 것. 찰나의 고독을 받아들이지 못하는 나에게 내린 진단이었다.

외로움을 해결하는 방법이 사람들과 어울리는 것이라고만 생각해 약속을 늘려보았지만 외로움은 더 깊어만 갔다. 그러던 어느 날 약속이 취소되어 극심한 적적함을 느끼다 못해 내버려 둔 방 청소를 시작했다.

밖에서 보내는 시간이 주가 되다 보니 좀처럼 정리를 미뤄 버릇한 지 수개월이었다. 널브러진 옷들과 외출하고 돌아올 때마다 호주머니에서 꺼내 조금씩 쌓아둔 잡동사니들이

언더독 마인드

이곳저곳 널려 있었다. 종이에 적기를 좋아하는 나는 사소한 영감이라도 줍겠다는 심정으로 작은 수첩, 혹은 영수증 등에도 낙서를 해서 주머니에 가져오고는 했는데, 그렇게 책상 위에 던져둔 종잇조각들이 수두룩했다. 간단히 방을 치우고는 그 종이들을 챙겨 책상 앞에 앉아 다이어리를 펼쳤다. 그리고 종이에 적힌 내용을 바탕으로 일기를 썼다.

사실 다양한 사람들을 만나 흥미롭게 이야기를 나누고서도 며칠이 지나면 '그때 무슨 주제로 떠들었더라?' 하는 일이 부지기수였는데, 몇 줄의 문장 혹은 단어만 보고도 그날의 대화가 생생히 떠올랐다. 되새긴 기억에 내 감상을 더해 일기를 쓰다 보니 약속이 취소된 것이 무색하게 시간이 훌쩍 지나버렸다. 왠지 모를 개운함에 기지개를 켜는데 눈에 비친 깨끗해진 방이 나를 더욱 기분 좋게 해주었다. 난잡했던 근래의 시간들이 정돈된 기분이 들었다. 꼭 대단한 이야깃거리를 주고받은 게 아니더라도 다른 사람들의 이야기를 듣고 와서는 내 생각을 정리하는 시간을 별도로 가져야겠다는 생각이 들었다.

꼭 메모를 하거나 글로 남겨야 할 필요는 없다. 이따금 홀로 시간을 보내면 된다. 이때 뭘 하려는 강박에서 벗어나야 한다. 도무지 적적함을 견딜 수 없으면 방 청소처럼 간단히 몸을 쓰는 아주 단순한 과업을 실행하자. 잠깐의 심심함이 지나가고 나면 나를 만나는 시간이 시작된다. 너무 많은 사람과 함께하다 보면 나도 모르는 사이에 내가 점점 작아진다. 더불어 이 책에 읽는 독자에 한정해 할 수 있는 말이지만, 요즘은 너무나 부지런히 살려는 욕심이 게으른 것보다 더 문제라는 생각까지 들었다. 나 역시 계속해서 변화하고 새로운 것을 채워야 할 것만 같은 강박에 시달리고 있었다. 성장 지향적인 태도를 바꿀 생각은 여전히 없지만, 끊임없이 새로운 자극을 받는 것이 올바른 방법인지는 의심해 볼 법하다.

앞서 인간관계의 '결'에 의미를 부여한 가장 큰 까닭은 결국 관계란 애쓴다고 원만해지는 것이 아니기 때문이다. 그렇기에 나는 언젠가 저 사람을 다시 마주할 거란 확신이 든다면 절대 억지로 빨리 친해지려 하지 않는다. 무리해서 쌓은 관계는 실망을 낳기 일쑤다. 오히려 상호 간에 시간적, 심적 여유가 있을 때 마주해야 서로의 결이 더욱 통한다고 느끼기 쉽다. 여유 있고 편안한 상황에서 가장 솔직한 '결'을 드러낼 수 있기 때문이다.

꾸역꾸역 만남의 자리를 만들고, 그곳에서 SNS를 서로 팔로우한다. 그리고 더 이상 교류 없이 시간이 지나면 나중에 가서는 오히려 어색한 사이가 되기도 한다. 안 지는 오래되었음에도 함께 쌓은 추억이 없는 사람들. 그들이야말로 인간관계의 우선순위에서 최하위에 자리하기 쉽다. '결'이 맞았다면 그 사이에 무엇이라도 같이하지 않았을까.

나 자신과의 관계도 마찬가지다. 외로움을 극복하겠다고 애쓸수록 나 자신과는 멀어지기 쉽다. 그럴 때일수록 차분히 주변을 정리해 보자. 심심함은 씻겨나갈 것이고 정돈된 편안함은 스스로와 대화할 시간을 선물해 줄 것이다. 외로움을 자신과 친해지기 위한 감정으로 반갑게 맞이하자. 그러면 여유가 생길 것이고 그 여유는 우리의 인간관계를 더욱 풍요롭게 만들어줄 것이다.

적은 내 안에 있다

"적은 밖에 있는 것이 아니라, 늘 자신의 안에 있다. 나를 극복하자." 13세기 중앙아시아를 평정했던 칭기즈칸의 명언이다. 패배를 모르던 전쟁 영웅마저 적을 자기 자신에서 찾아냈다. 마찬가지로 우리가 살아가며 마주하는 모든 부정적인 저항을 이겨내기 위해서는 결국 '나 자신'에 집중해야 한다는 이야기다. 하다못해 나의 앞길을 방해하는 부정적인 의견과 공격들마저도 그것을 전하는 사람을 탓하고 교화하려 들기보다는 그러한 적대감의 발생 과정을 헤아리고 받아들이는 방향으로 자신을 통제하는 편이 훨씬 쉽다.

아나운서를 꿈꾸던 어린 시절부터 '어렵다', '안 된다'와 같은 제약과 한계를 짓는 반응들이 꼬리표처럼 따라다녔다.

언더독 마인드

극복하고 이뤄내면 좀 달라질까 싶었는데, 괜한 기대였다. 내가 열심히 산다고 해서, 내가 좀 더 나은 사람이 된다고 해서 적대감이 줄어드는 건 아니었다. 빛이 강해질수록 그림자가 길어지듯 나에 대한 적대감은 오히려 커져만 갔다.

적대감을 해소하기 위해 최대한 넓은 안목을 갖고 소통하고 싶었다. 문제가 있다면 바로잡고 오해가 있으면 해소하기 위함이었다. 나의 좋은 의도에도 불구하고 놓치는 부분들이 있기 때문에 적대감이 발현된다고 믿었다. 그러나 이는 나의 착각이었다. 살아가며 깨달은 것이 하나 있다면, 적대감과 공격성은 차이가 아니라 오히려 동질감에서 오는 경우가 더 많다는 것이었다. 사회에서 누군가를 비판할 때도 마찬가지다. 지구 반대편 너머에서 들려오는 비윤리적 사건에 관해서는 대중은 상대적으로 관대한 태도를 보이지 않는가. 비슷한 요소가 많을수록, 서로 더 맞닿아 있을수록 우리는 서로를 더 미워하기도 한다. 모르니까 싸우는 게 아니라 잘 알기 때문에 깨무는 셈이다. "사촌이 땅을 사면 배가 아프다"와 같은 이치가 아닐까. 즉 우리는 동질감을 많이 느끼기에 그만큼 더 큰 적대감을 마주한다. 이 가정을 바탕으로 삼아 나는 날 선 사회를 조금이라도 헤아리게 되었다.

방송, 사업을 비롯해 대중 앞에 자신을 드러내는 분야에 종사하는 크리에이터들을 만나 대화를 하다 보면 '악플'과 '헤이터hater'에 관련된 이야기가 심심치 않게 오간다. 이들 대부분이 공감하는 의외의 현실은 생각보다 가까운 곳에서 악플을 다는 주체를 발견한다는 것이다. 팬이라고 나를 응원하던 사람이 부계정으로 전환하는 것을 잊고 공격성 댓글을 남긴다거나, 나쁜 소문의 근원지를 추적해 보니 최측근이었던 사례가 적지 않았다.

조회 수 대비 댓글 수를 살펴보면 절대 다수는 댓글을 달지 않는다. 주변 지인들에게 물어보면 온라인 콘텐츠에 댓글을 남긴다고 말하는 사람들은 극히 드물다. 당장 SNS나 동영상 플랫폼의 조회 수와 댓글 수만 비교해 봐도 그 비율이 1퍼센트를 넘기는 경우가 드물다. 그러나 타인에게 평가를 받는 것에 익숙하지 않은 사람은 익명의 댓글을 마주했을 때, 마치 모든 사람이 나를 그렇게 판단하는 것만 같은 확대 해석에 빠지기 쉽다. 대부분의 적대감은 치명적인 원인을 수반하지 않는 경우가 태반이다. 공격적인 반응에 크게 무너질 이유도 없으며, 옹호해 주는 의견에 너무 들뜨는 것도 어리숙한 태도다. 물론 이것이 말처럼 쉽지 않다는 것을 안다. 동요하는 마음을 억누르는 데는 상당한 노력이 필요하다.

언더독 마인드

직접적이든 우연이든 누군가가 나에 대한 부정적인 평가를 퍼뜨리고 있다는 사실을 알게 되었을 때, 그 대상들 사이에 갖고 있는 나름의 공통점을 도출해 봤다. 당신도 한번 당신에게 부정적인 반응이나 평가를 건네던 상대들을 떠올려 보라. 내가 가정해 보건데 우리의 비전, 혹은 행실을 두고 비난을 하거나 부정적인 결과에 대한 염려를 건네는 사람은 대부분 이렇다.

1) 나와 같은 방향성을 지향했으나 갖은 이유와 두려움으로 시작해 보지 못한 사람
2) 같은 과정을 밟았으나 더 좋지 못한 결과를 얻었던 경험이 있는 사람
3) 나의 성취로 인해 직간접적으로 물적·정신적 손해를 보게 되는 사람
4) 자신의 분야에서 충분한 성취와 인정을 받고 있지 못하고 있는 사람

대부분의 부정적인 피드백을 건네는 사람들은 내가 하는 일에 아무래도 상관없다는 듯, 관심도 없다는 듯 행동한다. 가만히 생각해 보면 정말 관심이 없는 사람은 우리의 행보를

신기해하거나 특이하게 여길 뿐, 딱히 좋고 나쁨에 대한 가치
판단을 내리려 하지 않는다. 한번 상상해 보자. 당신이 몸담
고 있는 혹은 몸담고 싶어 하는 분야에 관심이 없음이 확실한
측근들은 아무리 친한 친구라 할지라도 그저 신기해하거나,
당신의 의견에 동조하기 위해 노력하는 경우가 대부분이다.
물론, 진심 어린 조언을 해주고자 쓴소리를 건네는 감사한 지
인들도 있다. 이 경우 유효한 비판과 적대감이 섞인 비난을
구분하는 나의 기준은 '대안이 있는가'였다.

단순히 평가에 그치는 것이 아닌 개선과 해결의 방향성을
같이 고민해 주려는 진심이 보이지 않는다면 나는 그들의 의
견에 대한 무게감을 최대한 낮춰서 수용한다. 무슨 일이 있어
도 쉽사리 반박하지는 않는다. 애초에 우리가 도전하려는 모
든 것에 있어서 당연히 리스크가 존재하기 때문이다. 여러 차
례 언급했듯, 주체성을 앞세운 도전들은 순탄히 잘 풀릴 확률
보다는 문제에 부딪힐 확률이 높다. 시작에 앞서 우리가 망설
였던 까닭도 애초에 그 위험성 때문이 아니었는가. 어려움을
마주하는 것이 오히려 당연한 일일지도 모른다. 오히려 주변
에서 내 행보를 불가능에 가까운 것으로 치부할수록 나의 도
전이 갖는 가치는 커진다고 의미 부여를 하기로 했다. 타자의
저항이 따르는 순간 훗날 내가 이뤄낼 성취 뒤에는 '그럼에도

불구하고'라는 수식어가 붙을 테니 말이다.

공격을 부정적인 것으로만 생각해 버리면, 도전하는 사람의 주변은 악한 것으로 둘러싸이고 만다. 선택은 우리의 몫이다. 하다못해 아무런 공격도 받지 않는 법 또한 생각보다 어렵지 않다. 그 무엇도 드러내지 않으며, 그 누구도 만나지 않으면 된다. 내 의도와는 상관없이 적극적인 삶 이면에는 부정적인 반응이 뒤따르기 마련이기 때문이다.

내가 일상에서 아무런 공격도 받지 않았던 시기에는 단한 번도 일상에서 풍요와 만족을 느끼지 못했다. 운동할 때도 상처를 내고 근육통에 시달려야 근력이 자라듯 저항을 마주하고 이겨낼수록 내 정신도, 하다못해 물질적 수준까지 풍성해짐을 체감했다. 그래서 나는 삶에 잔잔함을 느낄 때면, 나의 성장 스위치가 꺼져 있음을 인지하는 경고로 삼는다.

성취와 비판에 관련해 데일 카네기의 책에도 소개된, 서른 살에 시카고 대학 총장에 오른 로버트 허친스의 일화는 나의 마음의 등대가 되어주었다. 그의 부친은 세간으로부터 젊은 나이에 총장 자리에 오른 아들이 대중에게 공격받는 상황을 두고 안타까워하면서도 "죽은 개를 발로 걷어차는 사람은 없다"라며 긍정적으로 받아들였다고 한다. 어리석은 사람들은

4장 생산자 마인드의 '인생' 관리법

어떻게든 두각을 나타내는 사람들을 끌어내림으로써 희열감을 느낀다. 같은 맥락에서 만약 당신이 성장하고 싶다면, 그 누구도 당신에게 반기를 들지 않는 상황을 경계할 필요가 있다.

그렇다면 이번에는 어떤 이들이 타인에게 적대감을 풍기는지 살펴보자. 가만히 들여다보면 내가 자라오며 속했던 학교, 군대, 직장을 비롯한 모든 그룹 내에서 누군가를 못살게 구는 위치에 있는 사람치고, 그 조직 내에서 최고의 권위나 인정을 받는 사람은 단 한 명도 없었다. 반면, 자기 분야에서 존망을 받는 사람들은 적대감을 받는 대상이 될지언정 굳이 누군가를 헐뜯거나 공격하려 들지 않는다. 스스로에게 집중하는 데도 에너지가 모자라기 때문에 굳이 엄한 데 힘을 빼지 않기 때문이다.

여기서 주의해야 할 점이 있다면, 부정적인 메시지를 브레이크와 같은 용도로 파악해야 한다는 것이다. 타인으로부터 나를 향하는 적대감과 공격성은 빠른 성장을 위한 걸림돌이 되지만, 그렇다고 부정적으로 받아들여지는 모든 메시지를 눈감는 행위는 오히려 우릴 파멸로 인도한다. 삶을 살아가는 데 속도 이상으로 중요한 건 방향이기 때문이다. 운전할 때도 방향을 안전히 전환하기 위해서는 감속이 필요한 것처럼 불

언더독 마인드

편함을 적절히 활용할 줄 알아야 한다.

　나는 누군가의 피드백으로부터 언짢음을 느낄 때 냉철하게 궁리한다. 이 불편함 역시 내가 상대를 향해 적대감을 드러내는 것이 아닐까? 내가 동질감을 느끼는 것은 상대방의 지적 사항에 대해 어느 정도 같은 생각을 갖고 있기 때문이 아닐까? 나 역시 그 부족함을 인정하면서도 애써 부정하려 들면서 괜히 찔려 하는 건 아닐까와 같은 질문을 스스로 던져본다. 자신이 예민해짐을 느끼는 부분이 어쩌면 외면하고 있던 문제를 바로잡을 방향키일지도 모르기 때문이다. 이러한 습관을 들이고 나면, 인신공격을 포함해 아무런 맥락도 없는 일방적인 공격과 비난에는 좀처럼 타격을 입지 않게 된다.

　나에게는 아직 그 내공이 부족하기 때문에 온전히 쿨하게 넘어가지는 못하는 경우도 많다. 그럴 때는 '참, 안타깝다. 왜 세상을 저렇게밖에 볼 수 없을까?'라는 생각을 품으면서 그를 미워하기보다는 동정하는 마음을 도출하려고 애쓴다. 그러면 상대의 공격이 허무맹랑하게 느껴지는 것은 물론, 마치 내가 강한 사람이 된 것 같은 기분이 덤으로 쌓인다. 이처럼 맹목적인 공격마저 나를 저해하는 걸림돌로 여길지, 복수심으로 치환하여 성장을 위한 연료로 삼을지 역시 우리의 마음

먹기에 달려 있다. 결국 타인의 공격은 나의 눈과 귀로 들어온 평가가 주는 자극 그 자체가 아닌, 내 마음의 해석을 통해 완성되기 때문이다.

영웅의 탄생 뒤에는 늘 귀인이 있다

계획 지향적인 삶을 살아오며 주체적으로 원하는 것을 이뤄내고자 했지만, 지나고 나서 돌아보니 무엇 하나 혼자 이뤄낸 것도, 이뤄낼 것도 없겠다는 생각이 뒤따랐다. 훗날 스스로 멋지게 성취를 거머쥐는 성공 전략을 구상하고자 하는 막연한 바람이 있지만, 나 역시 모든 성취 뒤에는 언제나 조력자의 도움이 있었다.

홀로서기를 원한다면 역설적이게도 더더욱 많은 멘토가 필요하다. 멘토의 존재만으로 마음가짐을 더욱 단단히 할 수 있기 때문이다. 특히 남들과 다른 길을 가고자 하는 사람들에게는 곳곳에서 갖은 실패 요인을 떠들어 대며, 도전을 막아서는 사람들이 들끓는다. 혹여 잘못될까 걱정하는 척이라도 하면 감지덕지다. 대놓고 조롱을 일삼는 경우도 수두룩한 상황에서 귀를 닫고 묵묵히 내 갈 길을 가기란 쉽지 않다. 나 역시 그랬다. 준비 과정은 물론, 이제 막 아나운서가 되고 나서부터 얼토당토않은 소문들을 들이밀며 나의 선택을 만류하는 사람들을 질리게도 많이 봤다. 차라리 훈수였다면 이해했을지도 모르겠다. 그러나 그들은 그저 의욕을 저하하는 이야기들로 나를 괴롭힐 뿐이었다.

그러나 내 삶에 가장 감사하는 부분을 한 가지 꼽자면, 어려움에 부딪히는 순간마다 나를 응원해 주는 귀인, 즉 멘토가 있었다는 점이다. 주위의 소음에 시달리다가도 내가 동경하는 멘토에게 받은 격려와 기대 덕분에 가고자 하는 길에 발을 내딛을 수 있었다. 군 생활 내내 모아둔 돈을 여행 경비로 탕진한 일, 학업을 멈추고 스타트업에서 일을 배우기로 결정한 일, 첫 직장에서 나와 사업을 시작한 일, 모든 걸 내려놓고 다시 아나운서를 준비하기로 결심한 일, 뉴스에서 춤을 추는 일, 굳이 작은 기회라도 하나 주워보겠다고 방송 밖 디지털 채널을 기웃거린 일. 모두 하나 같이 굳이 네가 그걸 왜 하냐고 만류를 받았던 일들이었다. 이들을 포함해 이 책에 적은 이야깃거리들을 돌아보면 다수의 격려로부터 동기를 부여받아

언더독 마인드

시작한 것이 단 하나도 없다. 스스로 과감한 선택을 한 건 사실이지만, 그 뒤에는 언제나 나의 뜻을 전적으로 지지해 주는 멘토들이 있었다. 정확히는 용기를 얻기 위해 도전을 실천하기에 앞서 내 생각을 응원해 줄 멘토를 찾아 나서곤 했다.

걱정과 막아섬은 한 끗 차이기에 사람들의 진심을 알아채기란 쉽지 않다. 그러나 남부럽지 않은 자기 기준의 삶을 사는 사람, 스스로의 성취와 그 과정에 감사할 줄 아는 사람, 저항을 무릅쓰고 자신만의 방법으로 지속적으로 성장하는 사람들은 대체로 타인을 흉보거나 새로운 도전의 가능성에 대해 함부로 평가하지 않는다. 그래서 나는 '통념'이라는 잡음에 휘둘릴 때면 내가 추구하는 삶의 기준에서 높은 성취를 이룬 멘토를 찾아가 내 계획을 과장 없이 공유한다.

그들은 대부분 내 부푼 계획을 흥미롭게 들어준다. 그리고 허점을 짚더라도 개선점을 같이 고민해 준다. 하다못해 장난처럼 흘렸던 말도 기억했다가 발전된 내용이 있는지, 왜 그런 생각을 하게 되었는지를 묻는 등 내가 생각했던 것 이상으로 깊이 있는 질문을 던지고, 아이디어를 보태주기까지 한다. 오히려 특이한 발상을 할수록 더 주의 깊게 들어주는 경향도 있었다. 그들은 마치 생각의 회로 자체가 불가능을 점치기보다

4장 생산자 마인드의 '인생' 관리법

는 적은 확률이라도 가능성을 보게끔 설계된 사람인 것 같은 인상을 준다.

이처럼 남들이 뜬구름 잡는다고 여기던 이야기를 멘토와 진지하게 다시 나눠보는 것만으로도 가능성을 인정받은 듯한 자신감이 생긴다. 그 뒤로는 백 명, 천 명이 나에게 부정적인 이야기를 하더라도 흔들리지 않게 된다. 왜냐고? 대부분 나를 공격하는 사람들의 삶은 애당초 내가 바라는 모습과는 거리가 멀기 때문이다. 굳이 둘 중에 한 사람의 피드백을 따라야 한다면 누구의 말을 듣는 게 현명하겠는가?

물론 응원해 주는 이와 만류하는 이 중 누구의 말이 옳은지 그른지를 따질 수는 없다. 그러나 어차피 나의 선택을 책임질 사람은 나 자신이기 때문에, 나의 고민을 제대로 들여다보지도 않았으며, 나와 같은 삶의 결을 추구하지도 않는 사람들의 말에 휘둘리느라 시작을 지체할 이유가 없다고 생각한다. 물론 나에게 부정적인 이야기를 하는 사람들의 말에 무조건 귀를 닫는 게 타당하냐는 의문을 가질 수도 있겠다. 그러나 상대가 과연 타당한 해결 방안을 두고 잘못된 부분을 짚어주는 것인지, 단순히 공격하는 것인지를 우리는 이제 짐작할수 있을 것이다.

언더독 마인드

멘토를 찾아가 계획을 말하는 과정은 격려를 받아 힘을 실기 위함도 있지만, 내가 미처 생각지 못했던 사회적 영향과 도덕성을 비롯한 오류를 확인하는 검증 과정이 되기도 한다. 그렇기 때문에 단순한 아첨꾼이 아닌 현명한 멘토를 고르는 것이 중요하다. 나를 눌러줄 힘이 있는 사람, 설사 나에게 부정적인 이야기를 하더라도 '그 사람이 그렇게 말하는 데에는 이유가 있을 것'이라고 돌아보게 만들 정도로 존경할 수 있는 사람을 찾아야 한다.

멘토 외에도 내 계획을 꺾는 의견에 다시 한번 의미를 부여해 보는 나만의 기준이 있다. 비슷한 경험을 이미 해봤거나, 객관적으로 좋은 성과를 도출해 봤거나, 나에 대해 잘 아는 사람임에도 불구하고 나를 적극적으로 막아선다면 그때는 더 주의 깊게 그 이유를 들어보고자 한다.

때로는 멘토의 우려에도 불구하고 자신이 생각한 대로 밀고 나가기로 결심이 설 때도 있다. 그것은 그 자체로 확고함에 대한 방증이 된다. 신뢰하는 사람의 만류마저 뿌리치고 해내겠다는 그 태도 말이다. 그 후로는 더 큰 책임감을 가지고 임하게 될 수밖에 없다. 롤 모델에게까지 인정받지 못하는 건 받아들이기 힘든 비참한 일이기에, 그 뒤로는 이를 증명하기 위해 더 고통스러운 싸움이 시작되기 때문이다.

이와 같은 대표적인 사례로 일론 머스크의 민간 항공 우주기업인 '스페이스X'가 있다. 일론 머스크는 스콧 펠리가 진행하는 인터뷰 프로그램인 〈60 Minutes〉에서 가장 힘들었던 순간으로 그의 롤 모델이었던 닐 암스트롱, 유진 서난 등 나사의 우주 영웅들마저 우주를 상업화하는 방향이라며 반대했던 순간을 꼽으며 눈물을 보이기도 했다. 그들은 그의 영웅이었기 때문이었다. 그럼에도 그는 수차례 실패를 거듭하며 꿋꿋이 자기의 이상을 실현했다. 2012년 열두 대의 화물 우주선을 우주 정거장에 보냈고, 자신을 비판했던 '나사'와 16억 달러 규모의 파트너십을 맺게 되었다. 그리고 당신이 할 수 없을 거라는 비평가들의 말에 뭐라고 말하겠느냐는 질문에 그는 "우린 해냈잖아요 We did it"라고 답했다.

혹여 지지를 받지 못하더라도 진심으로 존경하고 의지할 수 있는 멘토의 존재는 결국 당신을 더 옳은 방향으로 움직이게 해주는 동력원이 되어줄 것이다.

길이 막혀 발을 떼기 어렵다면 멘토를 찾아 나서보자. 나다운 길을 간다는 게 모든 과정을 '독고다이'로 해야만 한다는 뜻이 결코 아니다. 도무지 뭘 해야 할지 모르겠을 때, 시작이 어려울 때라면 그들을 따라 하기라도 해보자. 벤치마킹으로 출발하더라도 충분히 나의 길을 갈 수 있다. 누군가를 흉내 내고자 안간힘을 쓴다 한들, 어차피 삶의 방향성이란 완전히 같아질 수 없다. 롤 모델을 맹목적인 카피의 대상으로 삼는다면 당신은 기껏해야 아류작이 될 테지만, 존경하는 마음으로 삼는다면 그는 당신의 길라잡이가 되어줄 것이다.

어떻게 멘토와 관계를 맺어야 할까?

그렇다면 어떤 사람을 멘토로 삼아야 할까? 나의 멘토 선정 기준은 생각보다 단순하다. 앞서 멋있는 삶을 꿈꾸기로 한 만큼, 내 기준에서 멋지다고 생각하는 요소를 지닌 사람이다. 그 요소란 확고한 취미를 지닌 사람, 유명한 사람, 돈이 많은 사람, 외모가 돋보이는 사람, 재밌는 사람, 박식한 사람, 독특한 삶을 사는 사람, 기가 쎈 사람 등등 종류도 다양하다. 단한 가지라도 '내가 원하는 삶의 가치를 나보다 먼저 실현한 사람'이라면 충분하다.

흔히 롤 모델이나 멘토를 삼는다고 하면 자신이 지망하는 분야의 인사를 찾는 경우가 많은데, 사실 자신만의 특이점이 없는 상태에서 그들과 접점을 갖기란 쉽지 않다. 그 분야에 종사하는 대부분의 사람이 그들을 만나고 싶어 할 것이니 만남의 기회는 당연히 줄어들 수밖에 없다. 의도한 건 아니었지만 나는 일찍이 나와 전혀 관련 없는 분야에서 활약하는 다양한 멘토를 사귈 수 있었다.

애석하게도 나에게 먼저 손을 건네준 멘토는 없었다. 청소년기에는 학교 담임선생님이 전부였고 주변 어른을 만날 기회가 있더라도 그들에게 질문은커녕 먼저 말 붙일 생각조차 못 했다. 그런데 우연한 계기로, 컴퓨터 속에서 많은 멘토를 만나게 되었다.

한창 RPG 게임에 빠져 있던 나는 단순히 캐릭터의 레벨을 올리는 것뿐 아니라, 친목 활동에 큰 공을 들였다. 게임 속 길드원들이 중학생 시절 마주한 나의 첫 멘토였다. 당시 나는 학교를 마치면 하루에 못해도 여섯 시간 이상, 방학에는 반나절 이상을 게임 속에서 살았다. 플레이 시간이 압도적으로 길다 보니 또래 친구들보다 레벨이 높을 수밖에 없었고, 그러다 보니 게임 안에서 어울리는 사람들의 수준도 높았다. 어느 정도 명성이 높은 길드들은 회원들의 수준을 높이기 위해 나이 제한을 두기도 했는데, 딱히 이를 확인할 길은 없으므로 성인인 척 거짓말을 하고 활동했다. 물론 추후에 내가 학생이라는 사실을 들키기는 했지만 2년 넘게 성숙한 척 행동하며 친분을 쌓았던 덕에 어찌어찌 유일한 미성년자 회원으로 인정을 받았다. 그렇게 나는 게임 속 어른들과 채팅을 나누며 어깨너머로 세상을 배웠다.

당시 내가 속했던 길드는 서버에서 1, 2위를 다투던 만큼 규모도 컸고 정기적으로 오프라인에서 모임을 갖기도 했다. 단체로 피시방에서 게임을 하다가 밥과 술을 먹는 일종의 동호회 활동 같은 셈이었다. 중학교 2학년 겨울방학, 처음으로 인천에서 지하철을 타고 홍대에서 열리는 정모에 참석했다. 그때 만난 길드원들의 '현생' 직업을 듣고는 놀라지 않을 수 없었다. 카지노 딜러, 교정직 공무원, 바텐더, 치과의사, 변리사, 파일럿 등등 사회에 인정받는 전문직 종사자들이 한데 모여 있다는 것만으로도 놀라운데 일개 중학생이었던 내가 그들의 친구가 될 수 있다는 게 마냥 신기할 따름이었다. 그들은 중학생이 오프라인 정모에 나온 것만으로 나를 몹시 신기해하며 챙겨줬다. 게임에 '현질'을 할 여건이 못 되는 만큼, 사실 나는 길드 내에서도 레벨이 뛰어나게 높거나 그다지 장비가 우수한 편도 아니었다. 한마디로 거기에 낄 만한 스펙이 아니었다. 그럼에도 활동 시간이 많고 나이가 어리다는 이유로 길드원들에게 늘 많은 관심과 도움을 받을 수 있었다.

그들이 주고받는 직업적인 이야기들을 듣는 것만으로도 나는 졸업 후에 맞이할 드넓은 사회까지 미리 엿볼 수 있었다. 게임 속 동료로 시작했던 그들은 훗날 고등학교 진학과 입시 전략, 전공 선택, 가정사와 관련된 어려움을 받아들이는 데까지도 도움을 주었다. 중학교 2학년이면 학원에 다니지 않으면서도 충분히 원하는 대학에 갈 수 있다는 형 누나들의 말 또한 큰 희망이 되었다. 역설적이게도 공부를 통해 내 삶의 여건이 나아질 수 있을 거라는 희망을 받은 공간이 온라인 게임 속이었다.

대학 진학 후로는 게임을 접게 되면서 왕래가 끊겼었는데 글을 쓰다 보니 그 시절이 떠올라 문득 길드원들의 근황이 궁금해졌다. 카카오톡 프로필을 통해 얼핏 엿본 그들은 이제 한 가정의 엄마와 아빠가 되었고, 게임 중독이었던 막내 길드원은 오래 꿈꾸던 직업을 갖고 그 시절의 추억을 책에 담고 있으니 세상 참 모를 일이다.

굳이 나이를 가린 건 아니었지만, 사회에 나선 이후로도 나는 늘 윗사람들과 어울려 다니는 편이었다. 내 관심사를 늘어놓는 것보다는 어른들이 무엇에 관심을 갖는지를 듣고 대리 경험을 하는 게 재밌었기 때문이다. 택시기사가 말을 거는 게 불편하다며 '조용한 택시'가 하나의 서비스로까지 각광받는 시대라지만, 가끔 타는 택시에서 기사님들로부터 인사이트를 얻는 것은 내 택시비를 '뽕뽑기' 위한 최선의 방법이기도 하다.

매번 그러는 것은 아니지만 택시를 타면 기사님들에게 젊은 시절을 보내는 데 도움이 될 인생 교훈을 부탁하거나, 택시를 몰기 전까지는 어떤 시절을 보냈냐고 물어본다. 그러면 각기 치열한 삶을 살아온 노하우와 영웅담이 술술 흘러나온다. 기사님들의 이야기에 장단을 맞추다 보면 지루한 이동 시간이 금세 지나갔다. 심지어 어떤 기사님은 "요즘 젊은 친구 같지 않게 싹싹하다"라며 운임료를 받지 않기도 했다.

이처럼 세상에는 언제라도 나를 격려해 줄 준비가 된 사람들이 참으로 많다. 어쩌면 남들에게 가장 무심한 건 우리 자신일지도 모른다.

누군가와 관계를 형성할 때 연결고리가 없어 접근하지 못하는 경우가 많다. 그러나 때로는 나와 접점이 없을 때, 연결고리가 마땅치 않을 때 관계 맺기가 수월해지기도 한다. 그래서 나는 일부러라도 더 나와 연관성이 없는 곳으로 몸을 움직이려고 애쓰는 편이다. 여행할 때는 주로 게스트하우스에서

언더독 마인드

묵고, 퇴근 후에 새로운 사람들을 만날 때에도 웬만하면 방송 미디어 외의 분야에서 활동하는 사람들과 연을 쌓고자 노력한다. 오히려 나와 관련성이 없어 보이는 분야일수록 상대적으로 적은 관심과 노력으로도 소위 한자리하는 이들과 관계를 맺기가 훨씬 수월했던 경우가 많다.

그 이유를 명확히 설명하기는 어렵지만 내 나름대로 몇 가지 가정을 해보자면, 첫째로는 만족의 공식과 마찬가지로 동떨어진 분야 종사자에게는 상대적으로 동질감에 대한 기대치가 낮다. 그만큼 적은 지식과 관심만 가지고도 흥미와 친밀감을 느끼게 되는 것이다. 둘째로는 같은 분야에 있는 사람과는 지위적 격차가 있을 때 단순히 친분을 갖는 것만으로도 남들은 불편하게 생각할 수 있어 괜히 눈치가 보인다. 셋째로는 같은 분야를 걷고 있는 상대에게 내가 괜한 영향을 미치게 될 것을 꺼린다. 즉 스스로 성장할 기회를 뺏길 것을 염려하는 것이다. 그리고 넷째로는 세 번째 이유와 반대로 나에 대한 모종의 환상을 지켜주고 싶어서라고 생각한다. 모든 명성에는 일정 부분 부풀어진 이미지가 존재하기 마련인데, 같은 분야에 있는 사람들에게는 어느 정도 자신의 신비성을 유지하고 싶기 때문일 수 있다. 마치 소개팅과 같이 나에게 기대를 갖는 상대에게는 괜히 더 잘 보여야 할 것 같은 그런 부담이다.

4장 생산자 마인드의 '인생' 관리법

비슷한 맥락에서 자신이 꼭 만나고 싶은 대상이 있다면 그 사람의 밑에서 일을 시작하는 것보다 '옆문'을 통해 협력자가 되는 편을 궁리하는 게 훨씬 빠른 전략이다. 일단 멘토로 삼을 법한 귀인과의 대화를 나눌 기회가 열리면 내가 세운 목표 달성과 관련해 조언을 구한다. 이때 질문은 최대한 구체적일수록 좋다. 그렇게 처음 마주쳤을 때 들은 조언이나 피드백을 바탕으로 어떻게든 작은 성취를 이끌어낸다. 그 전까지는 결코 관계 발전을 위해 애쓰지 않는다. 그런 다음 재회하게 되었을 때 결과물을 가지고 "당신의 조언을 듣고 실천한 덕에 이러한 결과를 낼 수 있었다"라며 감사를 표하는 것이다. 한 분야에서 어느 정도의 존경을 받는 이라면 당신에 앞서 수많은 사람이 이미 조언을 구했을 테다. 그러나 성취를 이루고 다시 찾아온 이는 극히 드물 것이다.

지나치는 순간에 해준 몇 마디 말만으로도 자신의 삶을 바꾸려는 의지를 실현하는 사람이 되어야 한다. 마주치는 빈도가 중요한 게 아니다. 잠깐을 보더라도 진중하게 받아들이는 태도로 멘토의 눈에 들어라. 질척이지 않으면서 하나를 알려주면 열을 알아차리는 총명함을 선보인다면 오히려 그가 먼저 당신을 멘티로 삼기를 자처할 수도 있다. 그것이 멘티가 멘토에게 줄 수 있는 유일한 보상이자 감사의 표시다.

의외의 공간, 예상치 못한 기회로 이루어진 만남들은 우리에게 새로운 세계를 보여준다. 새로운 분야의 사람들과 어울리게 되면서 개인의 우주는 확장된다. 무작정 상대를 드높이는 것이 아니라 동등한 위치에서 사람들과 영향을 주고받다 보면 더 넓어진 식견으로 자신이 지내온 환경을 돌아볼 기회를 마주하게 된다. 그렇게 살아온 날과 새로 알게 된 우주를 비교하며 앞으로 살아갈 날을 새롭게 그려보는 것이다. 이러한 사람들과의 자연스러운 섞임을 통해 우리는 더 다양한 선택지를 마주하게 되고, 그중 가장 나다운 것을 취사 선택함으로써 주체적인 성장을 도모할 수 있게 될 것이다.

두 마리 토끼를 잡는 법

"마음이 이끄는 걸 하세요"라는 말은 낭만적이지만 무책임하다. '현실적인 여건'이라는 벽이 좋아하고 잘하고를 따지기 훨씬 이전부터 훼방을 놓기 때문이다. 솔직히 말해, 나는 "현실적인 걱정에 무너지지 말고 용기를 내세요"와 같은 말을 건넬 자격이 없다. 당장 내 삶만 하더라도 25년간 내 머릿속 고민의 9할은 돈 문제였기 때문이다. 가정의 불화부터 시작해 아나운서라는 목표를 포기했던 까닭도 돈 때문이었으니 말이다.

어린 시절부터 동경해 왔던 방송일, 조금이라도 관련된 일이라면 일단 발이라도 담가보려 노력했다. 그러나 제대로 평가받을 기회조차 없었다. 돈 때문이었다. 그나마 온라인상에 의지할 사람들이 있기는 했지만, 성인이 되기 전까지 진로 희

언더독 마인드

망과 관련해 직접적으로 길잡이가 되어줄 형제나 멘토는 없었다. 청소년기에 여기저기 자문을 구해봤지만, 우선 대학 문을 두드리란 조언만 돌아올 뿐이었다. 어쩔 수 없이 그 조언을 무작정 따랐다. 유일하게 믿을 구석이었으니까. 감사하게도 목표했던 대학의 신문방송학과에 진학했다. 이 또한 운이 따른 감사한 일이었다.

목표했던 '인서울'을 했지만 꿈을 향해 본격적으로 도약할 수 있을 것만 같던 낭만은 잠깐이었다. 다른 사람들 앞에서 꿈에 대한 말조차 꺼내기 어려웠으니 말이다. 새내기 시절 동기들끼리 술잔을 부딪치며 각자 자기가 되고 싶은 것을 말하다 보면 친구들이 내뱉는 목표 직업군은 약속이라도 한 듯 서너 개 안팎으로 추려졌다. 기자, 피디, 광고 기획자 그리고 어느덧 다가온 내 차례. 선뜻 혼자 다른 직업을 이야기하기가 겁이 났다. 솔직히 "아나운서"라고 내뱉는 게 마치 연예인 되고 싶다는 것처럼 허황된 목표로 들릴 것만 같았다. 나는 그럴 때마다 애써 얼버무렸다. "사실 목표는 모르겠고, 그냥 좀 유명해졌으면 좋겠어." 어쩌면 그때 이미 내가 처한 현실이 아나운서가 되는 것과는 거리가 있다고 스스로 인정했던 것 같다.

4장 생산자 마인드의 '인생' 관리법

그렇게 꿈꾸던 대학 생활의 첫해, 나는 1년 내내 아나운서가 되기 어려운 이유만을 줍기 바빴다. 그러고는 방송국 시험장에서 원고 한 번 읽어보지 못한 채, 아나운서가 되지 않겠다고 결심했다. 멋모르던 어린 시절에는 TV에 나오기 위한 수많은 방법 중 '아나운서'가 되는 것이 나름의 현실성을 가장 많이 반영한 목표였는데 말이다.

아나운서가 되겠다는 생각만으로 입학한 대학이었으니 의미가 사라져 버렸지만 어쨌든 3년이나 더 다녀야 했다. 원래의 계획대로라면 아나운서를 지망한다는 선배들을 따라 학교 방송부나 학보사, 홍보대사 같은 활동을 하고자 했지만, 그럴 필요가 없어졌다. 모든 것을 필요에 따라 설계해 왔던 도미노를 실수로 중간에 넘어뜨린 기분이었다. 이미 쓰러진 도미노에 이어 굳이 새로운 조각을 세울 필요가 없다고 생각했고, 무언가 새롭게 시작하기에는 조만간 군대까지 다녀와야 하는 상황이었다. 이도 저도 아닌 시간을 무엇으로 채워야할지 감조차 안 왔다. 한량이 된 나는 처음으로 시간 많은 대학생의 기분을 만끽하기로 했다. 제대로 놀아보겠다고 작정하려던 찰나, 현실이 또다시 발목을 잡았다. 이러나저러나 돈은 필요한데, 용돈을 직접 벌어 써야 하는 환경은 변함없었기 때문이다. 당시의 내겐 두 개의 선택지가 있었다.

1) 시급이 최대한 높은 일을 하고, 나머지 시간을 제대로 놀면서 보낸다.
2) 돈이 좀 적더라도 재미있어 보이는 일을 한다.

보상의 총량을 단순히 계산해서 우열을 가릴 수 없었다. 고민이 되었지만 오래 걸리지는 않았다. 나는 재밌어 보이는 일을 골랐다. 나름의 이유는 있었다. 돈에 우선순위를 두어봤자 대학생 신분이었기에 그 벌이가 직장인에 한참 못 미칠 테지만, 재미를 추구하는 것은 나중에 하나 지금 하나 그 우열을 가늠할 수 없었기 때문이다. 그렇게 나는 일찍이 경험이 갖는 잠재 가치에도 어느 정도의 값을 매겨 시급에 포함하는 습관을 들였다. 가령, 같은 것을 경험하더라도 조금이라도 젊을 때 영감을 더 크게 느끼고, 일찍이 경험을 쌓아두면 오랜 시간이 지난 후에 더 큰 변화를 이끌어낼 거라는 믿음이 있었다. 금융투자에서 적용되는 복리 효과를 가치에도 적용한 셈이다.

지금 당장은 돈을 끌어당길 때가 아니라는 마인드를 장착했다. 필요한 만큼의 돈은 벌되, 단순히 액수의 유혹을 일부러라도 더 경계했다. 물론 들어가는 노동력 대비 받는 돈이 많을수록 좋기야 하겠지만 그에 따라 포기해야 할 것들도 무시할 수 없었다. 시급이 높은 일들은 대체로 너무 힘들어 보였고, '꿀알바'로 불리는 단순한 일을 맡는 것 역시 딱히 장기적으로 나에게 득이 될 게 없어 보였다. '하고 싶다는 자발적인 의지'가 반영되지 않는 모든 일은 그저 내 시간을 돈과 맞바꾸는 것처럼 보였다. 적어도 스스로 판단하기에 내 시간을 최저임금 수준으로 값을 매기고 싶지는 않았다. 그렇게 되면 더 쉽게 돈을 버는 사람들이나 돈이 충분히 있어서 일을 안 해도 되는 사람들을 부러워할 게 뻔하다고 생각했다.

그렇다면 내가 부유한 사람들보다 많이 가질 수 있는 건 무엇일지를 알아내는 게 중요했다. 그렇게 추려낸 것들은 시간, 열망, 즐거움, 뿌듯함, 극복에서 얻는 성취와 같이 대부분 눈에 보이지 않는 가치였다. 물질적으로 많이 가진 자들에게 꿀리지 않게 해줄 나만의 무기들이 물질적으로 쉽게 맞바꿀 수 있는 것들이 아니었으면 했다. 그래서 내가 멋지다고 생각했던 일들을 간접적으로나마 경험할 수 있는 일자리들만 골라서 이력서를 넣었다.

이를 두고 누군가는 실리를 버리고 낭만을 좇는다 여길지 모르지만, 내 기준에서 이것은 보다 먼 수를 내다본, 합리적 판단에 근거한 선택이었다. 비록 당장 잔고는 없을지언정 미래에는 몸값이 훨씬 더 많이 올라갈 거란 확신이 있었기 때문이다.

남을 따라 하는 것이 아닌 각자의 이유를 갖고 선택해 나가며, 나만의 가치관을 쌓는 게 중요하다. 결국 세상도 더 주체적인 당신에게 마땅히 더 큰 보상을 해줄 것이다. 나다움을 나타내는 요소에는 성향, 가치관을 비롯한 여러 가지가 있지만 복잡하게 생각할 필요가 없다. 나만의 기준을 세우는 습관이 든다면 모든 것은 뒤따르기 마련이니까. 낭만과 실리, 둘 중 하나를 희생해야 한다는 착각에서 벗어나자. 확실한 가치 부여를 통해 나다운 일을 찾아 전념할 때, 결국 두 마리 토끼를 모두 손에 넣을 수 있을 것이다.

가장 확실한 투자처

"먹고살기 힘들다"라는 익숙한 관용구. 그러나 그 뜻은 예전과 조금 달라진 듯하다. 불과 20~30년 전만 해도 번듯한 일자리를 얻어서 가족을 꾸리고, 퇴근 후 고기 한 근을 사가서 가족들과 저녁밥을 함께 먹는 정도가 부모님들의 행복이자 삶의 목표였다. 그러나 지금은 "하고 싶은 일 하면서"라는 말뭉치가 괄호 사이에 지워져 있는 것만 같다.

"(하고 싶은 일 하면서) 먹고살기 힘들다."

그러나 이 말에 공감하기 힘든 이들이 많을 것이다. 임금이 오르고 물질적으로 풍요로운 시대를 살고 있음에도 우리의 삶은 여전히, 어쩌면 더욱 각박하다. 비정규 아르바이트를 하더라도 월 200만 원 이상의 수익을 낼 수 있지만 이를 충분한 액수로 여기는 사람은 좀처럼 없을 것이다. 힘겹게 취업의 문턱을 넘어 번듯한 정규직 직장을 얻은 청년들 사이에서도 상대적인 빈곤감은 끊이질 않는다. 상황이 바뀌더라도 언제나 돈은 모자라게 느껴진다. 배고픔이 해소되는 사이에 정신적인 허기가 우리의 일상을 더욱이 피폐하게 만들었다. 왜일까?

어렸을 때만 해도 부모의 수입이 어느 정도 되는지 모르는 친구들이 대부분이었다. 친구 부모는커녕 자기 부모가 정확히 무슨 일을 하는지 알지 못하는 경우도 있었다. 직업과 돈벌이에 대해서는 드러내지 않고 묻지 않는 게 암묵적인 사회의 규칙이기도 했다. 그런데 지금은 어떠한가. 각종 포털 사이트에만 검색해 봐도 웬만한 직장의 연봉을 확인할 수 있다. 더 나아가 브이로그의 시대에는 특정 직업군의 하루가 어떻게 흘러가는지까지 엿볼 수 있다. 어떻게 보면 경계를 허물고 알 권리를 넓혀가는, 열린 사회로 향하는 변화 같지만 다가온 현실은 '비교 사회'다.

궁금하지도 않았던 남들의 생활상이 자꾸만 눈과 귀로 파고든다. 남과 나의 장벽이 허물어지게 되면서 우리는 서로를 동일시하게 되었다. 문제는 각자가 살아온 과정과 차이는 무

4장 생산자 마인드의 '인생' 관리법

시한 채, 현재 누리고 있는 보상에만 집중하게 된다는 데 있다. 더군다나 경쟁 사회의 부작용으로 등수를 나누고 우열을 가리는 데 익숙해진 탓에 필요 이상의 비교가 이루어진다. 하다못해 고연봉을 받는 직업군을 두고도 누가 고생을 덜하고 더 하는지, 워라밸부터 시작해 복지, 문화까지 더 촘촘해진 잣대를 들이댄다. 제약 없이 공개되는 무더기 정보들 속에서 깨우치는 자는 없고, 어떻게든 흠을 잡아 좋고 나쁨을 따지기 바쁜 우물 안 개구리만 늘어나는 꼴이다.

이러한 비교 사회에서 무너지지 않기 위해 내가 찾은 유일한 방법은 동일시를 피하는 것뿐이다. 객관적인 수치를 넘어 보이지 않는 것에 대한 가치 부여가 필요하다. 내 환경이 남들보다 좋고 나쁜지를 다른 사람들이 쉽게 구분하기 모호한 상태로 만드는 것이다. 비교가 무색한 자아를 형성함으로써 나에 대한 평가는 과거의 나와 현재의 나를 기준 삼는 것으로 충분해진다.

그렇다고 '없는 만큼 적게 쓰며 살면 그만이다'고 여기며 검소한 성격은 못 되었던 나는 갖지 못할 뿐 늘 갖고 싶은 것이 많았다. 멋 부리는 것도 좋아하고, 먹고 돌아다니는 것을 비롯해 새로운 것에 대한 경험 욕구가 강했다. 애당초 아나운서라는 직업을 준비하는 데 공부 외에도 여기저기 돈 들어갈 구석이 많다는 것도 알고 있었다. 돈을 벌기 위해 돈이 필요한 아이러니였다. 그렇다면 하고 싶은 일을 직업으로 삼는다는 것은 어떻게 보면 돈 넣고 돈 먹기 게임과 같지 않은가.

그럼에도 이에 의미를 부여하자면, '내 돈을 들이면서까지 하고 싶은 일'이야말로 정말 내 마음이 이끄는 '하고 싶은 일'이라고 판단할 수 있었다. 앞서 시급을 비교할 때 단순히 받는 돈의 액수가 아닌 경험의 잠재 가치를 반영하라고 했는데 같은 맥락이다. 돈을 적게 벌더라도 그 일이 나에게 유의미한 경험을 준다면 그것은 번 돈을 재투자하는 것이나 다름이 없는 셈이다.

첫 직장으로 스타트업에 입사하고 나서도, 내가 당장 큰돈을 벌 수 없음을 받아들였다. 낮은 연봉을 대신해 일찍이 투자라는 영역에 눈이 갔다. 꼭 주식이나 채권 같은 투자를 의미하는 건 아니다. 때마침 주식이나 암호화폐의 투자에도 큰 바람이 불었지만, 정보력이나 감각으로 승부할 자신도 없었고 불릴 만큼의 목돈도 마련되어 있지 않았다. '당장의 효용이 아닌 장기간에 걸친 복리효과를 누리는 것', 오직 그 방향만 생각했다. 그리고 생각한 가장 확실한 종목은 바로 '나 자신'이었다.

당시 미국 주식의 대형 ETF 기대수익률이 연 7퍼센트 정도였는데, 아무리 생각해도 내가 1년에 10퍼센트 이상의 가치로 성장을 못 할 리가 없어 보였다. 그래서 번 돈으로 주식을 사기보다는 '자기계발'을 하는 데 쓰기로 했다. 돈을 벌기 위해 나에게 돈을 쓰는 구조를 만드는 것이다.

이처럼 학생이나 사회 초년생 등 상대적으로 부여된 의무가 적고 당장의 고정 수입이 크지 않을수록 가장 확실한 투자처는 '자신'이라고 꼭 말해주고 싶다. 하고 싶은 일을 하면서도 먹고살기 힘든 현실이지만, 삶을 살아가는 중간중간에는 분명 돈과는 비교할 수 없는 값진 경험들이 있으리라고 믿는다.

언더독 마인드

절약할 시간에 더 벌어보기

돈을 모으고 아끼는 것도 중요하지만 고정적인 수입이 없던 대학생 입장에서는 확실히 덜 쓰는 것보다는 더 버는 것이 쉬웠다. 어떻게 보면 돈벌이에는 불리한 신분일 수 있지만, 동시에 큰돈을 벌 필요가 없는 시기이기도 한 만큼 직접 경제적인 가치를 창출한다는 것이 주는 만족감은 막대했다. 내가 했던 아르바이트를 이야기해 보자면, 성우 알바나 일회성 방송 카메오, 인터뷰를 진행하는 리포터와 같은 일이 대부분이었다. 당장 야간에 편의점이나 술집에서 일하면 상대적으로 높은 시급을 받을 수 있지만 내가 지향하는 커리어와의 연관성은 없어 보였기 때문에 최대한 피하려고 했다. 단순 노동을 하더라도 목소리와 이미지를 활용할 수 있는 일거리를 찾았다. 뷔페의 홀 서빙 알바 같은 경우도, 일반 식당이나 술집보다는 복장을 신경 쓰는, 즉 잘 다려진 슬랙스와 셔츠, 구두 차림을 요구하는 격식 있는 분위기의 뷔페나 레스토랑을 고집했다. 그리고 내가 받는 시급과는 별개로 그 업종이 다루는 재화의 가격대와 서비스도 고려해서 일자리를 구했는데, 그곳에 오는 수준의 손님들이 가진 공통적인 특징을 찾기 위함이었다. 빈티와 촌티를 벗어나기 위해서는 어떻게라도 그들과 맞닿을 방법을 찾았다.

단 하루를 일할지언정 모든 환경에서 아나운서가 된 내 미래의 모습을 상상할 수 있는 분야로 찾아갔다. 스튜디오에서 헤드셋을 쓰고 녹음하는 모습, 출연자 대기실에서 대본을 보며 기다리는 모습, 셔츠를 다리고, 구두를 닦고 머리를 정돈하는 모습, 바른 자세로 친절하게 사람들을 응대하는 모습 등등. 각각 놓고 보면 아무 연관 없어 보이지만 다 합쳐놓고 보면 아나운서가 되어서 해야 할 태도들을 미리 연습하고 상상할 수 있는 환경이었다.

이렇게 나무보다는 숲을 보며 계획을 세울 수 있었던 데에는 주변의 영향도 컸다. 너는 뭐라도 할 거 같으니까 멋지고 재미난 걸 해보라는 주변 귀인들의 덕담. 무엇보다 지금까지도 나의 정신적 지주인, 1세대 유튜버 출신이자 여전히 감

언더독 마인드

독의 길을 꿈꾸며 나아가고 있는 킴닥스 선배가 말하길, "자신이 좋아하는 걸 아주 깊이 있게 파고들면 돈은 알아서 따른다"라고 했다. 그는 자신의 삶을 통해 그 사실을 몸소 증명해 왔기에 이 조언을 의심할 여지가 없었다. 내가 일찍이 '지금은 돈만 벌 때가 아니다'는 믿음을 가질 수 있게 도와준 귀인이기도 하다.

선배의 말은 맞았다. 도중에 아나운서의 꿈을 포기하고 방황하는 과정에서 나는 오직 재밌어 보이는 것에만 집중했다. 그게 바로 '여행'과 '영상'이었는데, 그저 내가 좋아서 만들었을 뿐인데 일이 들어오기 시작했고 일자리까지 갖게 되었다. 그 뒤로도 회사에서 시키는 것을 넘어 주말이나 개인적인 휴가를 사용해서도 계속 여행을 다니고 나만의 창작물을 만들다 보니 강연과 강의에 대한 제의까지 들어왔다. 딱히 퍼스널 브랜딩을 시도하려고 한 적도 없었다. 그냥 내가 좋았던 공간들, 여행의 순간들을 자랑하고 싶은 마음에 공유했던 SNS에도 팔로워가 늘어나기 시작했고, 생각지 못한 돈벌이의 기회를 얻기도 했다. 확실히 시대의 운을 타고난 덕 또한 있음에 감사할 따름이다.

그렇게 스물세 살에 정규직 피디로 취업을 하면서 본격적으로 나는 돈을 모으기 시작했다. 또래 친구들보다 이른 시기에 돈을 번다는 것은 좋았지만 만족할 수준은 전혀 못 되었다. 전문직이나 대기업 취업 준비에 전념하는 친구들이 3년 정도 뒤에 자리를 잡고 그들이 받게 될 고연봉을 고려하면, 당장 일을 시작하는 자체가 갖는 리스크도 있다는 생각이 들었다. 그래서 돈을 벌어 단순히 저축액을 높이는 것보다는 그 목적에 집중하기로 했다.

우선 내가 돈을 모으는 까닭은 세계 일주를 위한 것이며, 어차피 당장 목돈이 필요할 일이 없기에 적금보다는 우량주식에 투자해 두기로 했다. 설사 일부를 잃더라도 남들보다 일찍이 투자를 해보는 것 자체로 인생 수업료가 될 거라는 생각이었다. 코로나19로 주식이 급락했지만 몇 달을 견디고 나니 운이 좋았는지 자산을 세 배 가까이 불릴 수 있었다.

이처럼 돈이 들어오고 불어날 만한 기본적인 틀만 만들어 놓고는 내가 가진 실력을 향상하는 데만 집중했다. 학생 신분에서부터 빨리 정규 일자리를 가지라는 이야기는 아니다. 다만, 돈을 벌어본 경험이 단 한 번이라도 있는 것과 그렇지 않는 것의 차이는 막대하다. '언제라도 돈을 벌라면 벌 수 있겠구나'라는 자신감을 갖는 것은 새로운 것을 도전하는 데 큰

언더독 마인드

용기가 되어주었다. 그때서야 내가 가진 젊음이 최고의 무기라는 것을 실감했다. 그렇게 10대 시절부터 나를 괴롭혔던 돈에 대한 신경을 점차 줄이게 되었고, 그 자체만으로도 내 삶을 억누르던 강박이 옅어지기 시작했다.

만약 돈벌이에 대한 걱정이 당신을 지나치게 가로막는다면, 액수를 떠나서 우선 돈이 모이는 구조를 직접 경험해 보자. 그렇게 '내일의 내가 어제의 나보다 돈을 더 많이 벌 거라는 믿음'을 쌓아간다. 성장하는 시기에 가장 확실한 투자처가 '자기 자신'임을 몸소 느끼게 된다면 오롯이 성장에 전념할 수 있을 것이다.

나만의 소비관, 돈을 쓰는 기준

생각했던 것보다 일찍 시작된 직장 생활 덕분에 금전적 압박에서 조금은 자유로워졌지만 돈 쓰기에는 여전히 익숙지 못했다. 딱히 돈을 쓰고 싶은 곳도 많지는 않았다. 당장은 일을 한다는 자체만으로 신기해하며 만족스러웠기 때문이다. 대신 일찍이 사회에 나온 스스로에 대한 보상 차원으로 중장기적인 소비 목표를 세우기로 했다. 무작정 저축을 하기보다는 목표가 필요했다. 당시 내 업무는 여행지를 다니며 영상을 찍고 편집하는 일이었다. 회삿돈으로 여행을 다니는 게 일이라니 주변으로부터 부러움을 사기에는 더할 나위 없었지만, 인간의 욕심은 끝이 없는 법. 주변에 하나둘 성장하는 여행 유튜버들을 보며, 나도 세계 일주를 떠나 나만의 콘텐츠를 해보겠다는 목표가 생겼다.

SNS에서 다른 사람들의 여행 콘텐츠를 볼 때마다 그곳에 있는 내 모습을 상상했다. 어떤 옷을 입고 무엇을 먹을지, 현지 사람들에게 무엇을 물어볼지 상상만 해도 시간이 절로 갔다. 그러자 저축은 더 이상 욕구를 누르고 돈을 모으는 행위가 아닌, 언젠가 떠날 세계 여행을 앞당기는 즐거운 일이 되었다, 딱히 먹고 싶은 것도, 사고 싶은 것도 없어졌다. 유행을 따르기 바쁜 또래 친구들보다 앞서 있는 듯한 기분에 자신감이 생기기도 했다. 그렇게 형성된 나의 소비의 기준은 아래와 같다.

1) 안 해본 경험을 선사하는가
2) 이 소비가 훗날 더 큰 수익으로 돌아올 소재가 되는가
3) 매일 사용하는 물건인가
4) 자발적으로 필요를 느꼈는가

앞서 일자리를 선택하는 기준과 마찬가지로, 나의 모든 경제활동은 당장의 상황을 넘어서 미래지향적인 영향이 있는지가 중요했다. 가령 새로운 사람들을 만날 기회를 제공하는지, 나의 업무 효율을 올려줄지, 사용함으로써 이후의 내 시간과 비용을 단축해 주는지, 사용 빈도가 잦은지 등을 위주로 판단했다. 가령 카메라와 노트북, 태블릿 PC와 같은 전자

기기에는 전 재산의 절반 이상을 쏟아붓는 데도 아랑곳하지 않았다. 당장은 200~300만 원의 지출이 크게 느껴질 수 있지만, 이에 따라 내 업무 단가가 50~100만 원 이상 오를 수 있다면? 다른 또래 제작자들의 콘텐츠와 차별성을 가질 수 있다면? 이후 같은 시간을 들이고도 경쟁자보다 우위에 설 만한 요소가 있다면? 승리의 기세를 얻는 데 몇백만 원 정도는 거저라고 생각했다. 그리고 일차원적으로 몇 달 내에 이 소비한 값어치를 상회할 수 있으리란 확신을 전제로 두기도 했다. '내가 지금 그냥 학생이었다면?', '재수를 했다면?', '재수강으로 인해 추가 학기를 듣고 있다면?' 등과 같은 생각을 함으로써 과감한 지출에 대한 빠른 합리화가 가능했다. 말 나온 김에 만약 당신이 '합리화'라는 단어에 부정적인 인식을 갖고 있다면 빨리 씻어내길 바라는 마음이다. 합리적인 게 왜 나쁜가? 말 그대로 '대수롭지 않게 여길 수 있는', 혹은 '불리하거나 난처한 상황'을 긍정적인 국면으로 전환할 수 있는 것을 안 할 이유가 무엇인가 싶다. 돈이 드는 것도 아니고, 누군가에게 피해를 주는 것도 아닌데 말이다.

합리화는 한탄하고 나를 자책할 시간에 그 상황 속에서도 배울 점을 찾고, 문제가 재발하지 않도록 분석하는 문제 해결력을 기르는 더할 나위 없는 훈련이다. 그래도 언어가 주는 통념적인 인식이라는 것을 무시할 수 없음을 알기에 나는 합리화 대신 '의미 부여'라는 표현을 주로 사용한다.

소비와 절약에 우위란 없다고 생각한다. 어디든 힘 조절이 필요한 법이다. 필요하지 않은 데서 아끼고 원하는 곳에 쓰면 된다. 당연한 소리 같지만, 이 정도를 지키지 못하는 사람들이 주변에만 해도 너무 많다. 만족스럽지 않은 본인의 벌이를 탓하기 바쁜 이들 투성이다. 나 같은 경우 일찍이 시작한 직장이 스타트업이었던 만큼, 벌이가 많지는 않았다. 중소기업이라 주눅들 게 아니라 중소기업이어서 누릴 수 있는 것부터 찾았다.

우선 목돈을 만들 수 있도록, 1퍼센트대 금리의 중소기업 청년 전세 대출을 받고, 대중교통으로 출퇴근하며, 친구들과의 약속을 제외하고는 대부분의 끼니를 회사에서 해결하면서 악착같이 돈을 절약했다. 지금 돌아보면 짠돌이 같아 민망하긴 하지만, 집에서 먹을 음식은 인터넷에서 그램당 가격을 계산해서 시킬 정도로 합리성을 추구했다(맛, 영향, 가격을 골고루 갖춘 추천 음식은 바나나, 돼지고기 전지, 레트로트 닭가슴살 볶음밥 등이 있다). 그리고 특정 장비를 사거나 여행 경비로 갑자기 돈을 좀 많이 쓰는 거 같아 부담이 들 때면, 다른 친구들보다 내가 아낀 밥값과 술값 등을 생각하며 '그저 쓰는 방향이 다를 뿐' 총량은 비슷하거나 오히려 내가 더 적다는 명분을 마련했다. 그러고 나면 신기하게도 양심의 가책은 금방 사라졌다.

　같은 맥락에서 나는 '돈을 잘 버는 것' 이상으로 '돈을 잘 쓰는 법'에 훨씬 지혜가 필요하다고 본다. 우선, 아무리 여윳돈이 남더라도 아무 데나 소비해서는 안 된다. 특히나 물건은 살 때 발생하는 비용 외에도, 내 것이 되는 순간 유지비가 든다. 우리가 매월 지불하는 집의 한 공간을 차지하고, 보관과 활용에 필요한 정신적 에너지 또한 무시할 수 없다. 한편 우리는 부여한 가치에 따라 소비를 하지만, 반대로 돈을 씀으로써 소비에 가치를 부여할 수도 있다.

　가령 요즘의 나 같은 경우 생각을 종이에 적는 게 낙인데, 영감이 떠올랐을 때 적을 만한 종이가 없는 데다, 잘 써지지 않는 펜 때문에 아이디어들을 대충 어디 구겨놓았다가 잃어버리는 경우가 많아 아쉬웠다. 그런데 만 원이 넘는 노트에 만년필로 글을 적기 시작하니 어딜 가나 이것들을 들고 다니게 되었다. 더불어 생각을 정돈해서 더 예쁜 글씨로 정성껏 기록하게 된다. 사진도 마찬가지다. 디지털 카메라는 물론, 요즘은 스마트폰 카메라도 손색없는 품질을 자랑하지만, 비싸고 번거로운 필름으로 찍은 사진들을 한 번이라도 더 꺼내서 본다. 굳이 시간적, 비용적 지출을 늘림으로써 소중히 여기는 마음을 키워 '내가 좋아하는 것들'에 대한 인식을 강화할 수 있는 것이다.

"써보지 않고는 모른다"라는 말에도 동감한다. 나는 스스로 나름 충분히 저축하고 불려보기까지 했다는 자부심이 있다. 더불어, 오늘의 나보다 내일의 내가 돈을 더 못 벌지는 않을 것이라는 확신이 있다. 재밌는 건 내가 몇 달을 버틸 수 있을지 걱정하며 다소 궁상맞게 짠돌이 생활을 하던 시절에도, 미래의 내가 지금의 나보다는 돈을 더 잘 벌 것이라는 생각에는 의심의 여지가 없었지만 본격적으로 이를 깨달은 건 최근에 있었던 한 도전 덕분이었다.

MZ 세대가 '무지출 챌린지', '거지방'과 같은 극단적인 소비 억제 유행에 뛰어든다는 기사들을 접했을 때, 공감이 되는 한편 그것이 오히려 경제 상황을 악화시키는 '합성의 오류'를 불러올 수도 있음을 염려했다. 그래서 나는 반대로 입사 첫해, 자체적으로 '풀full지출 챌린지'를 시도했다. 말 그대로 1년 치 연봉을 '반드시 다 쓰기로 한 것'이다. 결과적으로 연말정산을 해봤더니, 7만 원 정도를 남기고 모든 수입을 다 사용했는데, 앞서 이야기했던 소비 조건에 부합하려고 하다 보니 '돈 쓰는 일이 생각보다 어렵다'는 교훈을 얻었다.

그간 내 기준에서 좀처럼 가치의 우선순위에 자리하지 못했던 것들 중심으로 '경험 소비'를 했다. 가령 클래식 공연과 미술 박람회, 호캉스, 파인다이닝, 명품 등 비용적 관점에서 이해하지 못했던 것들을 직접 체험해 보았다. 이 경험을 통해 내가 몰랐던 내 취향을 명확히 구별할 수 있게 되었다. 결과적으로는 내가 그 투자 비용 이상의 성장을 이뤄냈다는 확신을 가지게 되었다.

이러한 경험은 분명 나의 다음 소비를 되레 건강하게 해주는 선순환을 불러일으킬 것이다. 쓰기 위해 생각하고, 쓰면서 생각나고, 썼기에 다시 생각할 수 있는 게 돈이라고 생각한다. 당신도 더 나은 자신으로 성장하는 방법을 탐구하는 과정에서 통장 잔고로 잠들어 있는 돈들에게 도움을 구해보는 것은 어떨까.

언더독 마인드

말도 안 되는 일은 때론 계획 없이 일어난다

"의아함은 그들의 몫"이라 떠들어 댔지만, 원고를 완성할수록 막상 내 이야기를 내놓는 게 민망하기 그지없었다. 완성만 해보자는 첫 바람은 온데간데없고 조금이라도 사람들에게 영감을 주고 공감을 얻기를 기대하는 내 모습이 쾌씸하면서도 재미있기도 했다.

늘 그랬다. 원하던 목표를 하나둘 달성해 나가며 뒤를 돌아보면 그 과정에는 딱히 개연성이랄 게 없었다. 말 그대로 '어쩌다 보니'의 연속이었다. 일단 시작을 하면, 처음 목표했던 것 이상의 새로운 욕구가 생기고 그것을 충족하기 위해 새로운 기회를 찾아 나서게 된다. 그러다 보면 예기치 못한 상황들이 마법처럼 현실이 되어 있었다. 역시나 크고 머나먼 꿈을 꾸되, 당장 눈앞의 목표에 집중하는 것의 중요성을 다시금 깨닫게 되었다.

꿈꾸는 자를 향해 많은 사람들이 "말도 안 되는 일을 어떤 계획으로 해낼 거냐"고 으름장을 놓곤 한다. 그러나 말문이 좀 막힌다고 낙담할 필요는 없다. 비범한 결과를 기대하면서 평범에 근거한 사람들의 '부정적인 시선'에 흔들린다면 그 자체가 모순이기 때문이다.

'근자감'을 기를 필요도 있다. 모든 어려움과 위험을 무릅쓰고 "그럼에도 불구하고"라고 답하며 책임을 지고 나아가는 자세가 바로 진정한 자신감이다. 어떻게든 우리가 '어려울 것 같다'는 인정과 함께 포기하기만을 기대하는 이들에게 일일이 반박의 여지를 줄 필요는 없다.

말도 안 되는 결과들은 계산과 계획만으로 일어나지 않는다. 여기서 중요한 것은 논리가 아니다. 내 목표를 '어떻게 이룰지' 충분히 설명하지 못했음에도 자신감을 갖고 어떻게든 꿈꾸던 삶을 실현해 낸 사람들이 너무나 많다. 그래서 나는 도전을 앞두고 만류하는 이를 마주할 때면 "그게 진짜 어떤 기적 같은 일들이 일어나서 달성할지 너무 기대되지 않아?"라는 식으로 너스레를 떨며 상황을 넘기고 만다. 마치 당연히 이루어질 것을 전제하는 느낌이 중요하다.

언더독 마인드

앞서 이야기했듯 자기 확신을 마쳤다면, 그 뒤로는 어떻게든 우리의 무의식이 그것을 이루기 위한 선택지들을 끌어당길 것이다. 당연히 어려울 거고, 고꾸라지다 보면 후회의 감정도 들고, 수군거리는 소리도 들릴 거다. 그러나 꺾일지언정 부러지지 않는 마음으로 다시 일어선다면 분명히 기회는 올 거라 믿는다. 그러한 의지만으로도 우리는 충분히 존중과 존경을 받는 순간이 올 거라고 생각한다.

마지막으로 이 책에 쓰인 '언더독 마인드'를 이루는 생각의 끈들이 전부 나만의 경험과 생각만으로 빚어진 것은 아니다. 나 또한 그동안 마주했던 수많은 멘토와 책들에서 얻은 인사이트를 양분 삼아 내 경험을 녹여 다듬었을 뿐이다. 나를 단련하고 또 책을 내는 과정에서 마치 나만 알고 있던 새로운 깨우침을 얻기를 바랐지만 공부를 하면 할수록 삶의 지침이 될 성인들의 깨우침이 이미 수두룩했음을 확인할 뿐이었다. 수천 년 전부터 이어졌던 삶에 대한 인간의 고민은 크게 다르지 않았다. 이에 무력감을 느끼며 글쓰기를 수차례 접었다 펴기를 반복하면서 '나만의 것'에 대한 욕심을 버리게 되었다.

그러고 나니 '나다운 것'이 보이기 시작했다. 각기 다른 사연이 있지만, 결국 같은 세상을 살아가기에 어쩌면 우리가 느끼는 삶의 어려움의 범주는 그렇게 넓지만은 않은 것처럼 느껴지기도 했다. 당연히 그 범주가 겹칠 수밖에 없음을 인정하고 나니 솔직함이 힘을 더해 글쓰기가 한결 수월했다. 진리를 발굴하기보다는 내가 걸어온 이야기를 성인들의 가르침에 따라 풀이되는 하나의 사례로 공유할 수 있다는 것만으로 더 많은 생각의 확장이 이루어졌고 자신감도 드높아졌다.

이러한 나의 생각 정리가 부디 당신에게 작은 영감의 씨앗이 되었다면 더없이 기쁠 것 같다. 만약 그랬다면 당신도 이 책을 비롯해 이곳저곳에서 얻은 마인드셋에 자신의 이야기를 녹여 '당신다움'을 세상에 공유해 주기를 바란다. 열악한 우리를 주눅 들게 하는 건 어쩌면 외부의 시선이 아닌 두려움으로 인해 스스로를 인정하지 못한 우리 자신일지도 모르겠다.

우리 각자의 이야기는 충분히 비교할 수 없는 가치를 지니고 있다. 보이지 않는 곳에서 고개 숙인 언더독들의 잠재력이 수면위로 드러나기를, 우리의 이야기가 하나가 되어 결과적인 수치보다 극복이 갖는 아름다움을 더욱 알아주는 세상이 되기를 바란다.

언더독 마인드

나 또한 이제 막 꿈을 향한 발걸음 뗀 러닝메이트로 여러 분의 길을 끝까지 함께하기를 약속하고 싶다.

언더독
마인드

초판 1쇄 발행 2023년 11월 15일
초판 5쇄 발행 2024년 1월 10일

지은이 정영한
펴낸이 권미경
기획편집 김효단
마케팅 심지훈, 강소연, 김재이
디자인 THISCOVER
펴낸곳 ㈜웨일북
출판등록 2015년 10월 12일 제2015-000316호
주소 서울시 마포구 토정로47 서일빌딩 701호
전화 02-322-7187   **팩스** 02-337-8187
메일 sea@whalebook.co.kr   **인스타그램** instagram.com/whalebooks

©정영한, 2023
ISBN 979-11-92097-66-4 (03190)

소중한 원고를 보내주세요.
좋은 저자에게서 좋은 책이 나온다는 믿음으로, 항상 진심을 다해 구하겠습니다.